梁賡義 口述
張子弘 採訪記錄
林明定 整理撰稿

取捨之間

從公共衛生到全人教育，梁賡義的人生探索

目次

取捨之間
從公共衛生到全人教育
梁賡義的人生探索

第二章

擔任陽明大學校長

——探究現今高等教育的弊病，大刀闊斧做出變革

第三章

學生為「上」

——重視學生身心靈的全人發展

第四章

美國留學與研究生涯——勇於接受文化刺激、開拓眼界

推薦序一——

近乎無可救藥的樂觀主義者精神

司徒惠康（國家衛生研究院院長）

醫學院畢業時留校擔任助教，同時也準備出國進修事宜。一九九二年出國前一年曾在中央研究院生物醫學研究所進行腫瘤免疫學研究工作，中研院的學術環境得天獨厚，常常可聆聽國際知名學者的演講；有次見到當時任教於美國約翰霍普金斯大學、已經享譽國際的梁賡義教授演講公告，因為自己較偏愛以實驗動物為基礎的分子生物學研究，不覺得這場生物統計相關的盛宴對自己有那麼強烈的吸引力，也未前往聆聽。殊不知，這個目光短淺的決定讓我與梁院長第一次見面的機緣延後了近二十年，這當是我人生路上一個重大的損失！

多年後在母校擔任教育長時，接獲當時教務處長高教授的電話，希望能夠協助陽明大學梁校長的百歲老母親在三總接受安寧照護；不久之後接到梁老夫人追思會的邀請，這是第一次與校長有較近距離的接觸。令人感動的是儀式中校長表達出對母親真摯又深厚的感念之情，也令我驚訝的是他在致詞中非常正式的謝謝高教授及我當時的幫忙！這次的接觸充分感受到這位全球知名的學者在學術及行政的耀眼光環背後那種誠摯、謙沖與溫暖的人格特質。之後的幾年除了與校長在全國醫學院校院長會議或國科會等審查的幾次接觸外，平常並不常與校長碰面。但印象非常深刻的是有兩次不同的時機，校長希望我能夠加入陽明大學團隊，一同為提升台灣醫學教育及生命科學研究打拚。這兩次深入對談的過程中，充分感受到校長對台灣高等教育強烈的使命感，以及他那種用人唯才與跳脫框架的恢弘氣度！

二〇一七年的六月間陽明大學的梁校長轉變角色，以國家衛生研究院梁準院長的身分希望我能夠一起到該院服務。加上陽明時期的兩次、算起來這是那幾年內他第三次的邀請了！剛好我個人也覺得在國防醫學院想要推動的幾個大的目標及方向已逐步完成，也首開軍事院校之先河為國防醫學院爭取到教育部教學卓越的計畫補助，更考量到軍方特有的升遷制度，是該交棒給年輕優秀的學弟們，所以答應了院長。我常想個人何其有幸，可以得到梁院長三顧茅廬的邀請！之後的五年與院長在國衛院有非常美好的奮鬥歷程，尤其適逢新冠病毒的世紀疫情，大家共同面對波濤洶湧的防疫及相關研發過程。因此個人對梁院長縝密的管理謀略與堅持不懈的人格特質有更深刻的體會！

如果要用一句話來形容梁院長的人格特質，那就是他那種近乎無可救藥的樂觀主義者精神！大家覺得困難或遙不可及的事情，只要是對的，他總是勇往直前、排除萬難、堅持達到目標。記得《聯合報》在一次採訪中曾經問到我，如果要以一位歷史人物來代表梁院長那會是誰？我回答《聯合報》，很難只用一位歷史人物就能夠形容梁院長，因為他除了具有張良的深謀遠慮及雄才大略，他又有墨子那種兼愛、非攻的情懷及科學的才華。非常喜歡梁院長在這本書自序中提到的「取是能力，捨是境界」；更是感恩梁院長這位在我個人學習及成長過程中重要的人生導師。也以八個字來見證梁院長這位大師及這本書的問世，「取是使命，捨是慈悲」！希望大家細細品味這本書。

推薦序二——

一本有點不一樣的自傳

林奇宏（國立陽明交通大學校長）

很多名人都喜歡撰寫自傳，或許是為了保存回憶，或許是為了宣揚自身成就。特別是政治人物，更是喜愛這樣的形式。然而，儘管自傳對於作者本人意義非凡，但對於讀者卻常常感到有種距離。不過，這本自傳卻與眾不同。

取是能力，捨是境界

這是一本分享人生觀點的書。我第一次拿到這本書的手稿時，被它的書名所吸引。眾所周知，梁賡義先生（我更習慣稱呼他為梁校長）是國際知名的生物統計專家，同時也是中央研究院院士。他畢業後即直接在美國名校約翰霍普金斯大學任教近三十年。對於這樣一位成就卓越的學者，我很難想像他會在生涯中需要做出什麼取捨。然而，我後來才明白，這些看似順遂的人生經歷，其實是他在生命旅途中不斷作出抉擇的過程。我對於書中對於「取是能力，捨是境界」這句話的詮釋深感興趣。作者對於這句話有著極為深刻的體悟，至於他的體悟是什麼？取捨又意味著什麼？這些都值得讀者進一步探究。

教學≠教育

這本書也是一本關於高等教育改革的著作。當我讀到「教學不是教育」這句話時，感到特別共鳴。或許是因為我如今身為一所大學的校長，與過去的梁校長有著相似的角色。事實上，正是梁校長在陽明大學奠定的基礎，才有了今日陽明交通大學的發展。全人教育理念，正是梁校長放棄美國教職回國的原因之一。他對全人教育的理念不僅深深影響了我，也是我現在在校園中推動博雅教育的原因之一。梁校長對於什麼是全人教育以及大學應如何培育人才等議題，在書中占有相當篇幅，而且特別將這些內容放在前面的章節。這表明了梁校長對於全人教育的重視。如果你關心台灣的高等教育發展，或許更應該閱讀這本書。

家庭教育的重要性

這也是一本關於家庭教育的書籍。本書的最後一章由梁校長與夫人共同撰寫，談及親子家庭教育。由於梁校長多年在美國工作，兩個孩子都在美國出生，校長與夫人花了許多時間教導孩子雙語。這與許多台灣家庭的期望相符，只是梁校長期望孩子能夠懂得中文，而我們則期望孩子能操流利的英文。書中對於雙語教學環境的塑造有詳細描述。對於關心雙語教育的父母來說，這是一個值得參考的案例。

這本自傳不僅僅是梁校長的人生經驗，更多的是分享這些經驗所帶來的體悟。身為現今陽明交大的校長，我深深感激梁校長在合併前陽明大學的奠基工作；我也很高興梁校長當年決定返回這塊土地定居；我更高興看到這本書出版，讓一般民眾有機會了解書中談論從家庭、教育到人生的種種議題。

推薦序三——

回顧並學習一位教育家兼科學家的美麗人生

張德明（臺北榮民總醫院醫事顧問、前院長）

一直稱呼梁院士為校長，因為熟識時，他是陽明大學校長，我是臺北榮民總醫院院長，兼陽明大學副校長。

除了每個月去學校開校務會議，也依慣例，校院輪辦雙人午餐便當會，討論學校與教學醫院間的種種瑣碎事務，在蔥油餅、酸辣湯的調和下，格外融洽，也培養了對任何難題，認真解決閒話一句的誠摯情誼。稱校長，泉湧的都是美好回憶。

校長來電，囑我為新書寫序，備感榮幸下率爾應允。好在了解作者行誼，就當是回顧並學習一位教育家兼科學家的美麗人生。

這本如同回憶錄的書，名為《取捨之間》。取捨是人間至難，「取」是百步之外的穿楊之計；「捨」是十步之內的回頭是岸。取捨、進退間，其實步步驚心，在不斷的掙扎與堅持下前行，但總結就是成功之道。

看成功人士的取捨，幾乎就是看頂尖武俠攻守轉換的劍道與心念，偷窺已是三生有幸，更何況是堂而皇之的閱覽。

因為即使領悟了一招半式，江湖行走就添了錦囊妙計。梁校長引「取是能力、捨是境界」，更是「取捨」的智慧箴言。全書讀來津津有味。

除了自己，誰能在一生中完全參與。父母、夫妻、子女、摯友，雖然都是生命中的天使和貴人，但也只能陪一小段路。人生只有自己要坦然的面對和承受，無論好壞。即使選擇常有錯誤悔恨，但都無法重來。閱讀別人的心路歷程，正是見賢思齊、反躬自省的良機，更是模擬未來減少失誤與懊惱的良方。

校長講述了人生當中的三個重要抉擇：大學留數學系或轉化學系；沉默的做批改作業的教學助理，或勉強用破英文教大一微積分；繼續在美國做研究或返國投入高教。都是跳脫舒適圈內心的掙扎和克服，其實基本上就是擇善固執與不忘初心。

校長最後捨棄美國熟悉的環境和優渥的薪資，在強烈使命感的促使下，茂葉歸根。展現學者掛念家國的情懷，對高教變革的無畏，對學生與課程的維護，對多元文化的珍惜，以及在大學校長遴選中的堅持，大學自主維護的風骨，疫情防治投入的無我，都無愧長路走來的始終如一，更是全人教育家的完美典範。這些在書中都有清楚的交代。

全書畫龍點睛的是最後一章，出自校長夫人高老師的手筆，近身觀察，為全書劃下完美句點。「回歸本心、不忘初衷」，正是成功人士萬法歸宗、氣定神閒的時刻。尤其提醒家庭教育對人格培養的重要性，更重要的是美滿家庭對成功者的重要性。

校長思緒縝密、體魄遒勁，日本江戶時期德川家康大將軍的名言：「人的一生如負重致遠。」深信校長仍在負重致遠的途中。校長的一生，春風化雨，精彩、值得。這本書，清風拂面，精彩、值得。

推薦序四——

深植關懷的教育，惺惺相惜

嚴長壽（財團法人公益平台文化基金會董事長）

當賡義兄詢問我是否能為他的新書《取捨之間》撰寫序言時，我很榮幸的接受了這份邀請，除了抱著先睹為快的私心，也期待著有機會把我對他的認識凝聚成文字，與更多人分享。

我與賡義兄的認識可追溯到十多年前我們同時擔任和信醫院董事的時候。在他推動「全人教育（Holistic Education）」的路上，我們的交流似乎也從未間斷；賡義兄於陽明大學校長任內兩度邀請我到校演講，而後他擔任國家衛生研究院院長時，我再次受邀演講，實在是深感殊榮。十多年一晃而過，賡義兄轉眼也到了屆齡退休的時候，他嚮往恬靜的田園生活，於是在台東找尋落腳處，我與他成為了相距不遠的鄰居。當時我非常想借用他的智慧，協助我所耕耘的均一國際教育實驗學校轉型，沒想到逢甲大學早了一步，敦請他擔任校務顧問及講座教授。

這些年來賡義兄在每個新的重要職涯階段，彷彿總希望我能與青年學子分享我的人生經驗。向來不擅長鑽研學術、卻始終對教育懷抱熱忱的我，與他這位對教育懷抱使命的傑出學者，緣分竟讓我倆有著惺惺相惜的友誼。

賡義兄在大學推動全人教育的理念，我深表認同，而這樣的教育應該要從中學開始，如此一來更能幫助年輕人在這科技快速發展的時代，保持獨立思辨、不被科技駕馭的能力，這也是家庭、學校和社會必須共同擔負起的責任。十多年前我有機會接任均一國際教育實驗學校的董事長，在教育現場捲起袖子實踐的經驗讓我更加堅信，要翻轉台灣的教育，必須從偏鄉開始。在均一，我們十分注重非認知能力的培養，讓孩子先學會「做人」，鍛鍊自律的能力，富有同理心；透過人文藝術等「生活」教育，保持學習的熱誠，探索自己的天賦；當具備以上的能力後，孩子更能適性發展，培養思考、溝通以及與人合作等「做事」的素養。

賡義兄在擔任陽明大學校長七年的時間裡，充分發揮了他對教育的想像，他分析並反思台灣教育系統面臨的挑戰，不僅為學生爭取更多實踐學習的機會、鼓勵他們參與社團活動，也設立「與校長有約」、推動導師制度等關懷網絡，用質樸且民主的精神，關照著各式各樣的學生。

他對學生的關心、教育理念的實踐，我相信是源自他在美國約翰霍普金斯大學與多位卓越教授的相處經驗，無論是他完成論文時，曾經給予他相當多幫助的教授堅持不共同掛名作者，或者是學校系主任提醒他身為教育者的使命，這些不求名、不吝提攜後輩的奉獻精神，漸漸形塑了他對於教育的理想。約翰霍普金斯大學是醫學領域享有盛譽的頂尖學府，當賡義兄擁有終生教授的地位與保障時，他卻欣然放下學校的事務，返台擔任陽明大學校長及國衛院院長職位，可見他多麼渴望將所學與經驗帶回家鄉，與國人共享。

在這個善與惡並存、政治動盪、戰亂不息、全球氣候異常……，可說是群妖亂舞的時代，即使有許多的不安與失望，我們還是渴望看到像賡義兄這樣，默默且堅定地為國家和教育作出貢獻的人。《取捨之間》這本書以平實的文字娓娓道出賡義兄一生至今的經歷，讀者能感受到他待人之誠懇、忠實於自己，以及懷抱理想的情懷，實在是此時此刻社會最需要的典範。

賡義兄的長才被社會珍惜自不在話下，但是我仍抱著一線希望，有那麼一天當賡義兄決定到台東真正定居時，我們能一起為偏鄉的教育盡一份心力。

自序

在人生的道路上，我們常常必須面臨在取捨之間作選擇，人說有得必有失，世上沒有一件事是完美的。

一九六九年大學聯考，我考上了清華大學數學系，但隨即聽說念數學很難，而且畢業出來工作機會又少，於是，我也曾起了轉入那時聯考科目拿了最高分的化學系的念頭，當時，面臨的選擇是：轉到較多工作機會的系，還是留在自己有興趣的系？

一九七七年初申請到南卡羅萊納大學數學研究所的獎學金，而初次來到了美國，當時，人生地不熟，我對自己的語文能力也不是很有信心，但身為一名教學助理（Teaching Assistant），立馬面臨的是要僅僅負責改作業呢，還是鼓起勇氣跳下去，選擇用英文教大一微積分課程？

二〇〇九年，在美國約翰霍普金斯大學任教多年後，我獲得了可以回台灣從事教育行政工作的機會，但面對的選擇是：留在美國持續做我喜愛的研究工作，同時也得以和自己的孩子在一起，還是回到自己出生長大的台灣，投入高等教育，卻得和家人遠隔重洋視訊？

這三個故事的共同點都在於：要留在自己的舒適圈，抑或是面對新的挑戰？而後來我所做的抉擇分別是：一，我要繼續留在所喜愛的數學系，時年十八；二，我挑戰了自己，用英文教大一微積分，那年我二十六歲；三，我選擇從霍普金斯公共衛生學院生物統計系正教授的職位退休，回台接任陽明大學校長一職，那時我五十八歲。

但這些取捨都不是我寫這本書的初衷。

推動「取是能力，捨是境界」的全人教育

在一個偶然的機會，看到了「取是能力，捨是境界」這八個字，我豁然間有所領悟。

事實上，這些年來看到國內追求排名的氛圍，我最想做的就是在大學裡推動全人教育（Holistic Education）。簡言之，全人教育所強調的不只是專業能力的獲取，更重要的是培養學生具有關懷社會，乃至於關懷全人類的心胸。而捨呢？就是要不論是精神或實質層面，都捨得付出的概念。

如果把專業能力的培養，想成一個直直的縱軸，那完善全人教育的背後就是橫軸的延伸，讓自己能夠更廣闊的看待、關心周遭的人事物，更加深自己的內涵。而這兩個軸是息息相關，相輔相成的。

以我個人為例，因緣際會參與了精神疾病的研究，感受到它對病患、家裡親人及社會莫大的影響，而決心投入完全陌生的精神疾病遺傳統計方法的研究，希望能協助科學家找出疾病的基因，進而研發出新的有效藥物，嘉惠病患及家屬。

如何落實全人教育？其實，它的涵蓋面是很廣的，除了大家可能馬上想到的通識課程外，其實，建立導師制度和心理諮商系統，以及強調基礎和語文課程，都是不可或缺的。

雖然，我是二〇一〇年從霍普金斯退休回台灣後，才開始投入全人教育的推展，但佇足回首，從小時候的成長到修得博士學位，繼而在美工作二十八年……，在這整個過程中發生的許多事情，似乎都和全人教育相呼應，而且是有脈絡可循的。

所以這幾年來，便有了想把推動全人教育的理念與經驗，和關心教育的讀者們分享，並相互鞭策，《取捨之間》這本書因而誕生了。而上面所說全人教育的落實，都會在書裡一一的闡述。

從赴美留學到留下來展開學術生涯，前後三十三年，占據一生近半的歲月。這段日子，研究一直是最愛，但如何在研究與教學中取得平衡點，並不忘從事研究工作的倫理與初衷，拿捏並非易事。藉此和年輕學子分享，盼有所助益。

回國至今（二〇二四年），轉瞬已十四年，歷經數次大學校長遴選委員會的參與，大學自主尊嚴的維護，以及國家衛生研究院任內疫情防治的投入，都是我人生難得的歷練，也謹此記錄，以為見證。

回顧我這一生，篤信擇善固執，鍥而不捨，誠以待人，互敬互信，希望透過這本書，能帶給讀者的人生過程中一些鼓勵與啟發。

《取捨之間》的最後一章〈家庭教育的重要：回歸本心，不忘初衷〉出自我內人永銑的手筆。她對這本書的關心與投入，不下於我。

這是因為我們秉持著一個共同的理念：相信大家對自己的子女，甚至下一代的教育，一定都很關心，也希望我們的孩子能夠在一個不受政治干擾、自由民主的教育環境下，快樂學習。

我們兩個孩子兆綱、兆維都在美國出生長大，如何讓他們在成長過程中，能夠持續學習中文，同時吸取中、西文化的優點，其實是一個比想像中困難的挑戰，而最重要的關鍵，就在於父母親的堅持。

永銑之前百分之百地投入，如今，看到大兒子兆綱處在一個更不容易的狀況下，依然和他韓裔的妻子 Jennie 接下了這份傳承，繼續溫柔地堅持下去，讓我們的孫子文睿、文昊在當年兆綱兄弟倆畢業的哥城中文學校繼續學中文，薪火相傳，令人欣慰！

尊重多元文化，更珍惜自己的文化血緣，何嘗不是全人教育的一部分？雖然我們這一路跌跌撞撞地走過來，卻在道路的盡頭見到光，而那個光就是全人教育！

結語

最近讀到一句話「教育是永無止境的追尋」（Education is pursuing the endless frontier），所有的努力，所有的過程，我還是要說：值得！

這也讓我想起 Wilfred Peterson 一段有關成功（The Art of Success）的話語："Success is a continuing upward spiral of progress. It is perpetual growth." 成功就像是一道持續往上旋轉的推進力，一個永恆不間斷的成長。

人生，取捨之間，我覺得自己相當幸運。我更深信，未來是美好的，就看我們是否珍惜並且努力，願與讀者共勉之！

感謝

《取捨之間》這本書能夠問世，首先要感謝《聯合報》洪淑惠及韋麗文兩位女士的努力牽線。在國衛院院長任內，我們曾一起舉辦過數次的癌症論壇，經由媒體提供衛教給癌友及家屬，而成為好友。他們兩位對我在陽明推動全人教育及大學校長遴選的參與十分了解，而有此發想。

感謝聯合報系項國寧執行董事的裁示，引薦有豐富出版專書經驗的聯經出版公司出版。為此，要感謝林載爵發行人、陳芝宇總經理及涂豐恩總編輯全力的支持，以及李佳姍主編的執行。經由口述，感謝張子弘女士費心的採訪及記錄，以及環球生技雜誌社總編輯林明定女士情義相挺，在百忙之中進行文章整理、修潤的工作。

也要謝謝陽明交通大學林奇宏校長及圖書館郭文華副館長的支持，以專案方式贊助並共同出版。身為合校之前陽明大學的校長，倍感榮焉。

還有姚克明老師，是我多年的好友，亦師亦友，一直讓我能體會「友直、友諒、友多聞」的可貴。姚老師以朋友的摯情，預訂購兩百冊，一百本送陽明校友及師生，五十本送國衛院，五十本送當年他任職的台灣省公共衛生研究所同仁及任教的國防醫學院公衛系所。如此相挺，我只能感謝再感謝！

同樣要感恩的，是永銑及兆綱、兆維兩兒。當永銑辛辛苦苦地完成了她第二個碩士學位，可以在美國成為正式的老師了，卻沒想到第二年，我就決定從美國退休回國。但想到台灣是我們出生長大的地方，落葉歸根，永銑覺得兩人一起返台，是一件最自然不過的事情。

兆綱及兆維兩兄弟小時候，幾乎每一年暑假都在台灣度過，其中還有待半年及一年的經歷，因此對台灣充滿了感情。他們對自己父母親的決定不僅完全認同，還表示以後可以有更多的機會來台灣了。永銑、兆綱、兆維，是我生命中的天使！

梁慶義

第一章

取、捨之間

——從留美生物統計學者到台灣全人教育之旅

1 回台貢獻，投身高等教育

二〇〇九年秋天，九月底的台北，天氣逐漸從燥熱轉為涼爽。剛過五十八歲的我，從美國再度回到台灣……。

已經數不清這是第幾次回來了，但這一次的心境特別近鄉情怯，與過去的目的是舉行新知研討會或協助大學籌備、評鑑院所等，非常不同。

在過去的兩年中，我曾反覆思量人生下一步的計畫，即將步入花甲之年，我非常確定想回台灣，希望為自己成長的這塊土地貢獻所學。

至於要往哪一個面向努力，這次回鄉，將成為一個決定性的關鍵！

只是沒想到，在短短不到一個月的時間裡，我人生的第三次轉捩點，就劃下了定局，經過和三個學術機構的遴選委員會面談後，我竟很快被選為第六任國立陽明大學校長。

三個學術機構，選擇最陌生且最具挑戰性的！

這一次和三個不同學術機構面談：一個職位是中央研究院生物醫學科學研究所所長，一是國立清華大學校長，以及國立陽明大學校長。

最先和我聯繫的是待過半年的中研院生醫所。在這次回來幾個月前，我在美國接到錢煦院士打來電話，他說：「生醫所所長遴選有人推薦你，希望你考慮一下。」而清華大學是母校，我畢業於清大數學系，無疑是三者之中我最熟悉的地方。

至於陽明大學，我接觸最少、也最顯陌生。當時，我的雙胞胎哥哥知道我想回台灣，看到報紙刊登遴選校長廣告時，建議我去試試看，但之前有耳聞他們似已有屬意的校長人選，我告訴自己：希望渺茫！

中研院的面談最先在九月二十二日結束，接著來到十月四日，陽明與清華大學校長遴選排在同一天。

陽明面談一結束，我連忙趕去和清華遴選委員面談。當我走出清華安排的場地，才打開手機，一大堆未接來電跳了出來，也把身心的嚴肅與疲憊嚇跑了，沒想到陽明大學行動如此迅速，遴選委員會短短時間已做出決定，然後通知我當選了。

消息來得太快，我一時措手不及，因為中研院還沒有動靜，清華大學的遴選才進入第一關尚未走完。

雖然我心中當下屬意接受，但考量與其他兩個學術機構的關係與感受，我必須先禮貌告知雙方。於是，我請問陽明大學是否可以先讓我處理完畢再公告消息，最後，陽明還是搶在第一時間發布校長人選，但也考慮到我的立場，並沒有公布我的個人意願。

對陽明大學來說，校方的焦急是可想而知的。面對現任校長十一月即將要卸任，前一次校長遴選沒有成功，只得重新來過，必須盡快選出新校長，以安定全校師生的心。

我評估當選陽明校長的希望不大，主要是過去跟陽明大學沒淵源、也甚少接觸，對於我們雙方來說，彼此都處於陌生狀態。

至於中研院，早在一九八〇年代，即耳聞中研院生物醫學研究所的籌備作業，而我在一九八七年返台就是擔任生醫所客座副教授半年。

當時，台灣有關流行病學與生物統計觀念還在起步階段，每年暑假，我都會帶著國外新知返台，同時定期舉辦講習會，邀請包括生醫所、統計所及各大醫學院相關資深教授共同輪流主講。

清華大學則是自己的母校，情感最深。當年大學聯考填志願時，我在熱門的電機、工程系中，悄悄把台大數學系與清大數學系填入第三與第七志願，事實結果就是上了第七志願。

我也不確定自己是否最適合擔任清大校長。清華大學復校初期重點為原子科學，我大學時期是以理工學聞名，近十幾年來，更發展人文社會、生命科學、電機資訊與科技管理，漸漸地成為一所文、理、工均衡發展的大學學府。所以，我自己在公共衛生、生物統計的專長，似乎對清華難出上力。

行政的力量！身居高位，更需謹慎善用影響力

其實，當初我曾猶豫過是否要參加校長遴選，以我的個性來說，我必須十分確定自己可以勝任，才會接下職位。

多年來，我一直對台灣特別關心，畢竟這裡是我出生、長大的地方，我希望把國外好的東西、新的知識帶回來分享給更多人。

二〇〇三至二〇〇六年，我應時任國家衛生研究院院長吳成文邀請，返台在國衛院做了三年副院長。三年下來完成的各項任務，讓自己發現其實並不排斥行政工作。

國衛院副院長這三年，其中有半年時間，我還兼代理院長一職，這一段期間，更帶給我許多特別的經歷與省思。我也看到行政工作推動一些事情的可能性，比個人做研究的影響層面可能更廣、更深遠。

當時，發生一件小事，但對我影響頗深，以至於不時放在心上提醒自己。那幾年，國衛院在內湖租下兩層樓，其中一個房間，作為主管開會及客人來訪的招待空間。我們每隔兩周會來開一次主管會議，在房間一角有一張桌子放置咖啡機，方便同仁隨時取用。

有一次開會，一位主管提醒咖啡桌下的地毯黑了一塊，這是倒咖啡時難免發生的潑濺結果，時日一久便留下明顯痕跡。看著太過礙眼，我就請總務處同仁去處理一下。兩個禮拜後，當我再踏入會議室時，發現原本地上鋪的地毯已被完全換新。

我不是什麼大人物，只因副院長這個位置，讓我簡單地交代，就成為不得不立刻完成的任務。這對我的衝擊非同小可，一個頭銜可以造成這樣的改變，身居高位的影響力如此巨大，可以成就其事，但也能讓自己深陷其中，必須謹慎善用。

看到高等教育問題，回台灣要為教育而努力

在國衛院這三年中，我也觀察到台灣高等教育的做法與一些現象。

由於國衛院也收學生，我碰到一些跟教育相關的問題。在我任上，陸續遇到不只一位研究生，因為壓力而面臨身心問題；還有一些教授習慣把學生當成機器而忽略他

們的感受；老師們為了升等必須發表文章、強調研究，以爭取更多資源等等。

我覺得台灣高教有點走偏了，國立大學太過強調排名，以至對大學部的教育缺乏關心，這些做法都讓我感到憂心。我認為教育應該以學生為「上」，有好多層面需要改變，我開始對教育更加關切。

卸任國衛院副院長回美國之後，每年我依舊回台灣好多次，參與某些計畫的審查，我的個性是看到問題就想去解決，台灣高教這些問題一直在我心裡翻來覆去，也由衷生起使命感。

最後，我下定決心，如果回台灣的話，我想從事教育行政這一領域，我要在高等教育上努力。

為什麼想走入教育？因為我體會到人的一輩子都脫離不了教育，不管家庭、學校、還是走入人群社會，無處不是教育。

感念恩師徐道寧的身教與關懷

我是接受台灣傳統教育長大的，但兩個孩子在美國出生，接受的是美式教育。東西方教育方式差異不小，教養過程中曾讓我們感到緊張，不知道自己是否能夠掌握。

記得老大兆綱開始上學時，我對美國小學教育拼字不糾錯、數學也不背九九乘法表，感到不那麼認同，但相隔四年，輪到弟弟兆維上學時，發現他們在教法上有所修正與改變，在語文教育方面，學校從 whole language 的大翻轉又逐漸調整，再回歸到傳統文法的習得，我們感受到西方教育並非一成不變，而是保有彈性的一面。

我們讀大學時，總在專業科系的選擇上再三考量，彷彿大學老師除了知識外，就無法再教給學生什麼東西了。但這些就是我們狹隘的認知，事實上，就算我們面對一群智力超群的學生，他們還是有許多需要協助及被提點的地方。

我也想起了就讀清華大學時的徐道寧導師，在我人生中扮演了至大關鍵的角色，當年若不是她，就無法成就今日的我。

大三時我患染感冒，去小診所打了一針，那時的針筒不像現在的一次性使用，而是經過酒精擦拭高溫消毒後，再給下一位使用，我不幸就這樣染上了肝炎。

得到肝炎，我只好回家休養由母親照顧。年輕的我，根本沒想到後面會怎麼樣。但是，徐老師思及我一直不回學校，可能面臨被退學的處境，退學後只能去當兵，當兵回來又該如何？

沒想到徐老師大老遠從新竹來到台北我家，跟我父母分析狀況，因為肝炎休養需要乾淨營養的食物，她建議我住到她家，由她家的一位阿姨提供三餐來照顧我。

徐老師本人看起來很嚴肅，當年她隻身赴德國念了博士學位回來，是非常了不起的獨立女性。她的家中到處堆滿書籍、研究資料，還養了很多貓。可以想像，我的入住將會對她生活產生多大干擾，因此，我沒有住進徐老師家，而是每天到她家共用中餐及晚餐。

她不但為台灣數學知識教育上貢獻良多，也對學生付出關心。徐老師的身教與言教，清楚闡釋了「教育」的精神。

曾經將「生物統計」視為一生職志

我在約翰霍普金斯大學任職的公共衛生學院，並沒有開設大學部，自己長期接觸的都是研究生，對於大學部運作、學生的了解，仍有太多空白。

行政工作對我來說，雖然不陌生，但依然是一個新領域，譬如在教研並重下，要怎麼進行？計畫要如何推動？管理人事方面要怎麼做才能達到圓融順利？還有職場團隊文化如何建立？這些對我這個學數學，邏輯分明的人來說，是很大的挑戰。

這個翻轉對我的人生而言，影響重大！因為如果接下校長的任命，表示我將正式辭去在美國約翰霍普金斯大學二十多年的教職及研究工作。轉而踏入教育與行政工作的領域，取捨之間的得與失，讓我反覆思索。

事實上我在美國前後待了二十八年，找工作的經驗其實非常之少，甚至可以說不算太順利。

當年，我在西雅圖華盛頓大學取得生物統計博士後，其實想回台灣，只是申請母校清華數學系教職時，卻遭到拒絕。拒絕的原因，一是台灣當時對這塊領域非常陌生，更沒有這方面的研究。二是對於數學系來說，他們覺得生物統計或Biomathematics，前面多了一個Bio字根，顯然「不夠純粹」。

當時，美國大學裡面華人不多，生物統計剛興起，念生物統計的不是進入學界，就是藥廠。但我始終沒往藥廠找相關工作，哪怕可以拿到比學界更優渥的薪酬。

不考慮的原因，在於藥廠更關切的是開發的新藥能否獲得食藥署審查通過，不太重視研究，但我的興趣在研究上，興趣成了我找工作的優先選擇。幸好，在博士口試前，我得到了約翰霍普金斯大學生物統計系任教的機會。

那時，樹葉已悄然轉為金黃。九月美國大學也已開學，論文口試過後才三天，我便和永銑離開西雅圖飛到馬里蘭州，自此在約翰霍普金斯大學埋頭工作二十多年。

我在美國，從頭至尾就這一份研究教學工作，再也沒有其他工作經歷了。

不過，這一份工作對我人生產生了非常大的影響，不僅在個人研究方面交出還算亮眼的成績，還有在這領域接觸到的人事物，都帶給我許多衝擊與學習的機會。

我看到系主任待人接物的正向態度、國際知名學者的大師風範、指導教授對周遭事物的關注好奇，對生活興趣的培養投入……，都一一形塑及影響著我，豐富了我的人生。

從大兒子求學與就業過程看全人教育

為了準備校長遴選，我先從和大兒子兆綱對談開始。我問他大學裡的學習、學校的課程選取及老師的教學，最後大學給了你什麼等等問題。我也詢問雙胞胎哥哥賡仁一對台大畢業的雙胞胎姪兒兆凱兆鈞，最後勾勒出我想推動大學「全人教育」的藍圖。

我會問大兒子，是因為兆綱從中學到大學的經歷比較特別。記得在他青春期時，是一位酷酷的省話一哥，常常以「Fine」、「Yeah」幾個單字來回應我們。高中時，又遭遇到一些亂流、成績不算好，但到了大學卻如魚得水，彷彿一夜之間長大了。他也熱愛數學，後來跟我一樣走入生物統計的研究領域。

兆綱進入大學後成熟非常多，經過這次深度談話後，我更理解，原來除了學校給予選課的自由，讓他四年之內就同時拿到學士與碩士兩個學位，還有古怪數學老師表達關心的方式，加上大三、大四忙於社團活動，都讓他成為有想法、具學習動機、願意與人溝通並嘗試探索、且關心周遭，知道自己未來要走什麼路的大人。而這些就是全人教育的精神。

兆綱還跟我講了一個他在大學的故事。他一位數學老師，平時看起來古怪、木訥又不善於跟他人交流。有一次兒子跟他在系裡的走廊上相遇，這位老師跟兒子隔了好一大段距離，而且是背貼著牆壁跟他講話，他建議兒子去參加一些跟數學相關的俱樂部，兒子則從簡單的話語中感受到老師的關心。

大兒子在四年大學過程中一口氣拿到兩個學位，以他修課的速度，永銑建議他一鼓作氣再去念一個博士學位。但兒子沒有這樣打算，畢業後，他對金融投資產生興趣，想往這方面找工作，但他在大學時沒修過任何經濟或財務相關的課程。

暑假期間他回台灣，我一位好友在瑞士銀行工作，給兒子一個面試機會，取得了當實習生的機會。我看著他每天穿西裝打領帶去上班，一副頗有派頭的模樣，其實，他在銀行裡是做著倒茶、遞送文件等基礎工作。

但他學習動機強烈，空檔之餘，在上司指點之下，不斷翻閱銀行中與經濟相關的中文報紙，一面加強自己的中文能力，跟伯伯出去小食鋪吃飯，都仔細看著牆上張貼的菜單，一有不認識的字，就馬上查。

兩個月後他回美國，很快在「Capital One」找到工作。這是一家做信用卡，後來成為美國銀行巨頭之一的金融控股公司。我對他只在銀行實習兩個月，就找到這個工作感到不可思議。當時，這工作年薪大約五萬五千美元，兒子因為有碩士學位，所以公司給了他六萬美元。

我不禁思索，嚴格來說，兆綱工作經驗接近於零，人家為什麼會雇用他？可能是他畢業於約翰霍普金斯大學，是所好學校，出來的學生想必資質不差，但我覺得這不是主要原因；也可能兒子數學的專業，在金融量化分析上用得到，我想這個理由還是不充分。

我認為有可能對方注意到兒子在大學時參與的課外活動，他在大三時參加一個名為「TASA（Taiwanese American Student Association）」的社團，在他當社長時，向學校提出一個企劃案，並且申請到好大一筆經費；在學校春季園遊會時，他們設計了一個攤位，取名夜市，並從紐約找來珍珠奶茶，加上自己準備的鍋貼、雞排等台灣小吃，向美國人推廣台灣的夜市文化。因為這些活動，讓對方看到兒子具備參與活動、團隊合作並且與他人交流的能力而錄取他，我覺得這才是重點。

兆綱也認同除了求取知識外，與他人的交流、溝通同等重要。因此，對於現在發展出多樣的線上課程，他不是很認同，而是認為，人還是要回到學校或教學現場。

兆綱在「Capital One」做了三年後辭職，經過一番認真的思考，他選擇再度回到學校念博士，並且還申請到西雅圖華盛頓大學的獎學金，走入與我同樣的生物統計領域。

這就是教育，具動機的學習，嘗試感興趣的事物，並且關心周遭事物，找出自己要走的道路。

2

全人教育的重要

「教育」比「教學」有更深、更廣的影響力

在跟孩子談過之後，我對全人教育稍具了解，讓我內心終於感到舒坦，知道自己可以往哪個方向努力了。還有，在國衛院任上，我看到一個領導者具有的影響力，遠超過只專注做個人研究的層面。

在約翰霍普金斯時，那時有幾位博士班學生口試一直不理想，眼看就要被迫離開學校了。系主任Chuck Rohde跟大家商量後，決定再給他們一次機會。原先每個博士生有各自不同的口試委員，可能每個委員的標準都不一樣，系主任於是決定同時找三位教授，用同樣的題目再讓他們試一次。

當時，我研究做得很好、很滿，又常常飛到國外演講，忙得不可開交，系主任找上我擔任三位口試教授之一時，我隨口一句「我很忙，不方便。」而回絕了。這樣的

回答，一般人可能都要大發脾氣了，但系主任卻依舊態度溫和，只輕描淡寫提醒我一句：「你還是系裡的教授，這是我們的責任。」

一時之間，我完全被這句話擊中，它影響我之深，與我後來在觀察台灣高教常出現的狀況有所呼應：當個人表現很好時，彷彿周邊其他事情都變成次要了，所有考量都從自身出發，忘記自己也是一個學校裡面的一分子，遑論大學的使命是培養優秀的人才。

這些自己或他人故事的點滴，帶給我很多啟發，大學教育若只偏重知識傳遞，而忽略其他學習面向，那麼與補習班何異？老師若只是上課教書、只關心升等而把學生擺在其次，那是「教學」而不是「教育」。

這些都是促使我放下研究工作，走上教育領域的原因，而校長遴選適時給了我一個機會。

對我來說，研究工作做了二十幾年，已做得熟悉又順手；而教育這一塊於我才剛起步，是一個我願意接受的挑戰。

同時，為自己的家鄉做點事情的想法，是我赴美之後從沒改變的心態，雖然是走一條新的路，但過往的經驗，還有那麼多師長的典範如珠玉在前，努力發揮自身影響力，實踐期望中的全人教育，這不也是對自己的一種終生學習的「全人教育」嗎？

分科過於專門，是當今全球教育界面臨的問題

什麼是全人教育？它又為什麼重要？

單就「全人教育」中文字面來看，指的是「完整個人」的教育；從英文「Holistic Education」來看，則包含將一個人可見與不可見的部分彙集在一起，達到對「整個人」全面了解及培養的教育。

簡單來說，全人教育是一種充分發展個人潛能、培養完整個體，並協助個人全面發展的教育。

全人教育興起於二十世紀的後期，一些歐美學者注意到現代高等教育分科過於專門，讓知識嚴重偏向專業，而提出「通識教育」的跨科學習。將直線進行的專業，搭配橫向補充的通識教育，讓學生習得更為廣闊並能夠融會貫通。在這樣的觀念下，於是有了「通識課程」的出現。

然而，如果只把全人教育等同於通識課程，這樣的想法又太過窄化。畢竟「教學」與「教育」兩者是大不同的，教育的層面顯然更為深遠、廣闊。

全人教育除了必須以「人」為主體，培養精神、智力、情感、互動、創造等素養，於其中發現自我興趣與潛力，擁有適應現在及未來挑戰，並具備獨立思考與價值

判斷等能力，更要學習跟社會、世界交流與互動。

但在成為全人過程中，通識課程的確占有重要的一環。台灣的大學開始通識課程至今不過四十年左右，但許多人對通識課程的認知，脫離不了「營養學分」的感受，比起專業課程，通識課程顯然太不受重視。

以我對「全人教育」的認知，除了通識課程外，特別在高教領域中，導師制度、心理諮商、基礎課程、語文課程也應看重與具備，而這些也都是我後來擔任陽明大學校長時，花了許多力氣去努力推動的面向。

廣泛來看，我們接受的傳統教育中，德、智、體、群、美五育並重，已有全人教育的模樣，只是在升學考試及科系選擇的思維下，家庭與學校似乎都過度偏向智育，這是很可惜的。

雖然從小就愛數學，但更喜歡運動

從小我就喜歡數學，小學開始，就發現自己在理解與數算能力上沒有遭受阻礙，甚至比別人學得快一些。但我沒有因為喜愛數學而成為一個只會讀書的孩子，我喜歡玩，特別喜歡球類運動。

我擁有「做自己」的空間，可能也跟我的家庭有關。

父親六十歲時才生我，母親當時也已四十歲了，他來到台灣時已經過著自在的退休生活。他不太管我們，所以管教的責任都落在母親身上。

母親在功課上只能幫我們到小學三年級九九乘法表，但是她非常注重我們的飲食及作息，希望我們過著規律又健康的生活。每天她一定去市場挑選新鮮的菜，規劃三餐要吃的食物，檢查我們有沒有把功課寫完，有沒有按時就寢。

父親期望孩子們可以念大學，因為那是他人生的遺憾，但母親也不會逼我們要用功讀書，這種狀況下，自然而然給我和哥哥發展自我的彈性。

球類運動培養出團隊合作及領導的能力

球類運動對我深具吸引力，小學時我很喜歡打籃球。位於泰順街的家，離師範大學很近，一到周末，我和哥哥就跑到師大去打球。

師大體育系那時很強，我們也常去看他們排球隊練球。那時的排球是九人制，所有位置都是固定的，只要球一打出界，落到我們附近，我們立刻跑去幫他們撿球。當時，有一位在師大當國手的學生，在我到陽明大學任職時，發現他竟然成了陽明的體育老師，只是他已不記得我了。

我跟哥哥還常跑去公賣局球場看球賽，更早的時候，在北一女旁邊還有一個三軍球場，是舉辦中華民國、日本、韓國、菲律賓四國五強籃球賽的地方，代表台灣出賽的兩隊分別為「克難」與「國光」隊。之後，美國來了一個「歸主」隊，在中場休息時間向所有觀賽群眾傳教。

這些記憶，回想起來猶如昨日般清新。後來，我跟哥哥常開玩笑說，我們患上痔瘡，都是看那麼多球賽的結果。半室外的場地，觀眾席都是水泥地，在太陽照射下又悶又熱，但我們一點也不在意，照樣樂此不疲。

初中有一天晚上，母親外出打麻將，我和哥哥便趁此機會溜去學校，看籃球比賽。結束返家時，賽場上的熱度仍在心裡沒有消散，但時間沒算好，母親早已回來，想當然耳，偷溜出去的下場，就是被母親罰跪懲處。

到了大學，我玩得更兇，不但常和同班八位同學打兩桌橋牌，大二到大四，我還是學校足球校隊。當上隊長後，我不但積極辦比賽，並向學校爭取參加每年和隔壁交通大學進行的梅竹賽所需的早餐經費。

至於學業成績，小學時還可以，那時上初中也要聯考，我跟哥哥一起考上大安初中，並且分在同一班。到了初二，媽媽詢問班上數學老師，問我倆是否考得上高中？

只見老師搖搖頭說：「好像……不太有希望。」

對於老師的不看好，我當時也沒有什麼感覺，只覺得他怎麼說得這麼直白，這麼不給面子，卻嚇得母親趕緊抓我們去補習。

其實，母親並沒有期待我們一定要上最好的高中，父親每次問起我們將來想做什麼？我們總以他樂於聽的答案——「工程師」來敷衍。在念書上面，他們都沒有緊迫盯我們，我們也沒有感受到被逼迫用功的壓力。

熱愛閱讀、追求各種新鮮的事物

我把課餘的時間還拿來滿足自己喜歡及好奇的事物，高中時，熱中看武俠小說，於是常去租書店租好多武俠小說。那些武俠小說寫得真好，單憑文字的功夫，憑空寫出一個又一個栩栩如生的武林，讓人優游其中，也讓我的思緒跟著飛揚。

父母從廣東經香港搬到台灣時，也帶了很多厚厚的書，包括紅樓夢、施公案、水滸傳……，這些書成了我的精神食糧。這些經典小說對人物刻畫傳神，讓人捧著看著，就無法放手。

父親在香港時，認識工商日報的董事長何世禮，於是何董交代每天空運報紙寄到我家，還有家中訂的中央日報，都成了我每日必讀的刊物。每天讀報，讓我知道外面世界發生了什麼事情，我特別喜歡香港報紙的副刊，那裡編排著一塊塊的連載小說。記得一位作者叫南宮博，他筆下彷彿有魔力一般，每日僅刊短短一篇，就讓我今日看完，明天繼續期待。

後來也喜歡看中央日報副刊，上面刊載的散文、小說都很優質。上高中、大學時，我也愛讀中國時報的時事版。記得有一位專欄作家叫傅建中，他是駐美記者；還有一位黃天才，是中央日報駐日記者，他們的文章涵蓋政情分析及生活周遭的事物，讓人讀來津津有味。

有一天玩耍回家，發現母親專注聽著收音機廣播，原來她正在聽足球比賽。香港受英國影響，喜愛足球運動，這也是我第一次接觸足球。

但母親話不多，也不跟我解釋足球規則，我好奇下跟著她一起聽，聽著聽著，便聽見主播大喊：「踢進去了！」我好像看見地上有一個洞，把球踢進洞裡就得分。

這種體驗很新奇，靠著主播抑揚頓挫的聲音描述，彷彿眼前出現球場上比賽跑跳的情景，帶著我進入另一種想像世界。這種體驗太迷人，以至聽廣播球賽的喜好一直延續到了美國，每當開車時，我總把收音機切到球賽轉播，特別享受名職業棒球主播 John Miller 那種聲音播報的魅力。

就算在物資缺乏，科技不那麼進步的小時候，父母給予我們做自己喜歡事情的自由，讓我們對周遭好奇，喜歡閱讀的樂趣，發展個人興趣。以至在面對人生挑戰時，沒有太多的患得患失與舉足不前，只要自己覺得好的事情，去做，就對了。

把困難當作挑戰，學習當作樂趣

所以剛去美國時，我願意挑戰教大學生微積分。考慮念生物統計博士班時，內心也曾有過害怕，因為從高中對生物就不感興趣，大學念數學，更沒有生物相關課程，我對解剖什麼的，都不喜歡，但念生物統計，不但要修些相關的課程，還要做一些生物相關的專案研究與報告，所以，我只能硬著頭皮當挑戰。

美國讀碩士時，正好遇到中美斷交，突發的消息讓我們措手不及，很快引起台灣留學生的憤怒，身處其中，我也和永銚參與留學生發起的抗議活動。

記得我們高舉寫著「Keep Free China Free」的標語，站在南卡州議會廣場前高聲抗議，怒罵當時賣台的卡特總統，我們在寒風中嘶吼，訴求立場，並且流下不甘的淚水。年輕人對社會國家的關心激烈舉動，這些我也曾經歷過。

過去的幾年，在國衛院也曾遭遇很多問題，我皆以當作挑戰的態度來面對，自然不會產生「怎麼那麼倒楣」的負面心態。

所以，當有人問我，碰到某種事情時，會不會覺得沮喪？這種問題，我還真不知道怎麼回答。

我一向把困難當挑戰，在困難中邊做邊學，即使到現在也一樣。

做對的事情，就努力往前

回想自己成長的過程，遇過好老師的關懷照顧，也看過知名學者對追求新知、鼓勵後輩，並給予機會的大肚，還有自己對熱愛事物的執著……，這些都是學習，以及無所不有的啟發。

人生中，我曾面對幾次取捨，大學時，我也曾想過數學系出路窄，有過轉系的念頭。最後，依然無法放棄數學這個最愛。

在南卡萊納大學念碩士時，雖然念統計，但統計仍脫離不了數學。後來走入生物統計領域，數學依然是整個工作範疇中重要的工具，只是擴大到需要與更多科學家一起合作。

而幾次站在人生取、捨之間的路上，讓我堅定的核心都是「興趣」。因為興趣，我一直走在人煙稀少的道路上，也因為興趣，我從來沒有把落單、害怕當成一回事。興趣，引導著我走成現在的自己，認為做對的事情，就努力往前。

不管在西雅圖華盛頓大學念博士，甚至到約翰霍普金斯生物統計系任職時，我幾乎都是系上唯一的華人。剛到美國時，如前所述，為了快速融入環境並讓英文進步，許多外國學生拿獎學金擔任助教皆選擇「改作業」，我則自願去大學部教微積分。

我好像總是走在人煙稀少、陌生的路上，但陌生之處，可能才是可以開疆闢土、大展身手的寶地。

我曾看過一段話，意思是：「取，是能力；捨，是境界。」

在我正式接下陽明大學校長職務，開始從事教育工作前後的七年多，我更能體會這句話的深意……。

三個重要的決定

初次擔當國內高教的行政職位，對陽明也相對陌生，於是我上任之初，做了三個決定。首先，我和永銚將陽明校園裡的校長宿舍，做了「以校為家」的規劃，除了上班方便，晚上也可以到隔條馬路的活動中心探望同學們，不論是社團活動或是球類校隊的練習，都有我們的蹤跡。

想起第一學期某一個夜晚，我到表演廳看吉他社「成發」演練，同學看到校長出現的驚喜表情，真是令人難忘！

大學校務繁重，對外要爭取經費，對內該如何落實全人教育，都需要時間費心投入。所以，我的第二個決定，就是放下個人多年來喜愛的生物統計研究工作，全心全意的投入校務的推動。

我想，若能花更多的心思，建立更完善的制度，提供更好的教研環境給師生們，這個中的喜悅，應該不是發表一、兩篇論文可堪比擬的。

此外，陽明大學是研究型大學，如何與時俱進、推出創新的研究領域及方向很重要。放下自己的研究，較能以客觀無私的角度來判斷應走的方向，而不會讓同仁們覺得有壯大自己的疑慮。

儘管如此，因為過去職涯與興趣都專注在研究，我也並不因此和研究脫節。事實上，在霍普金斯，我有許多和做臨床以及公衛研究學者合作的經驗，在國內相較是缺少的，也成為在我專業領域可以與國內分享與貢獻的地方。

在台灣，常有的一個情形，是以校長的名義為主持人，再向外如國科會爭取研究計畫。也因此，我第三個決定是，只要能用到我專業的部分，我會積極參與校內一些爭取到的研究計畫，但扮演的是生物統計學家的角色，且若發表論文，我不必掛名。

這種做法見仁見智，但在國內常耳聞以主管之名要求掛名的氛圍下，我希望以己微薄之力，提供學術界不同的思維，讓年輕人能在沒有顧忌之下，放手追求所愛的研究。

取，是能力；捨，是境界。

第二章

擔任陽明大學校長

——探究現今高等教育的弊病，大刀闊斧做出變革

3 研究型大學的啟發

二〇一〇年，我正式到陽明大學任職。

由於前一年公布當選校長時，已近年底，先前已答應約翰霍普金斯大學完成下學期的任教，須先履行完畢承諾，所以，隔年八月才正式走馬上任。

於校園沿著山坡地發展的陽明大學，成立於民國六十四年、西元一九七五年，前身為「陽明醫學院」，她的成立有相當重要的時代背景因素。

中華民國政府於民國三十八年撤退來台後，政府鼓勵榮民開發較偏遠的鄉村地區，移進的人口壓縮了原本就較缺乏的鄉村醫療資源，逐年老化的人口，也增加了對於醫療資源的需求。

在當時國防部長蔣經國指示下，時任國防醫學院暨榮民總醫院院長盧致德中將，當即與教育部深入協調，利用榮民總醫院的基礎，創辦了醫學院。首招醫學系公費醫學生一百二十位，立校初期主要目的，就是為培養公費醫師下鄉服務。

後來於一九九四年改制為國立陽明大學，成為臺灣第一個以生物醫學為主軸的研究型大學，更發展為國內頂尖研究型大學之一。

研究型大學的使命

初來到陽明大學，我一方面熟悉環境，一方面要準備教育部「發展國際一流大學及頂尖研究中心計畫」五年五百億第二期補助計畫的申請。

然而，剛到學校時，我耳聞一些聲音，意思是陽明大學是國內十所頂尖研究型大學之一了，因此，在教學上可以稍微放鬆。

這些話語中顯示了兩種面向，也正是我對台灣高等教育的隱憂，一是地位，二是教育。

我在約翰霍普金斯大學工作二十八年，其實從來不知道這所學校在全美排第幾名？但它的醫學與公共衛生都是備受肯定的，我們不管教書還是做研究，都是盡其所能做到最好。

若因為是研究型大學，研究工作繁重，就可以把教學擺在後面？這種觀念真是大錯特錯。

我在約翰霍普金斯的同事、長期研究合作夥伴，也是一生摯友Scott Zeger，在我回國前送了我一本書《The Great American University》（二〇〇九），作者Jonathan R. Cole是美國哥倫比亞大學副校長。當時，美國布希聯邦政府想要把手伸進大學裡面，介入大學獨立自主，為了強調獨立自主的重要，Jonathan R. Cole於是寫了這本書來闡述。

書中提到研究型大學對人類生活水準提升的重要，於學校裡做的研究，不但可移轉到社會，也可延展到各產業界，幫助提升人類精神健康及公共衛生。我是讀了此書才知道，美國第一所研究型大學正是約翰霍普金斯。

約翰霍普金斯本是一位富商，因為跟表妹談戀愛被當時不允，而終身未婚。臨終時，除了留下錢財給僕人外，另捐款七百萬美金成立一所大學、一百萬美元建立醫院。為了籌建大學及醫院，他還找了許多人去各處取經。

一八七六年，約翰霍普金斯大學成立。在這之前，哈佛、普林斯頓等已是聲譽卓著的知名大學，他們採用英國牛津制度，強調傳授知識（Knowledge Transmission）。

但約翰霍普金斯是第一個走德國制度的大學，重點放在發覺新知（Knowledge Discovery）。而美國最早的博士班，雖然出現在一八六一年的耶魯大學，但真正造成風起雲湧的，卻是霍普金斯的研究型大學，後來，哈佛、普林斯頓也都跟著轉成為研究型大學。

研究型大學的使命，在培養研究人才、強調新知的發現，進而提升人類健康及生活品質，這些都是以研究所為場域，但結論都指向——在研究型大學裡，教學責任其實更為重大。

這是因為大學部的教育宗旨與對象，與研究所有所不同，培養的人才也不一樣。大學走的是全人教育，研究所為專職教育，視為培養具一技之長。但不論在專才與全才教育上，教學都是重要的，需要師長花許多心思投入。

在霍普金斯工作二十多年，我也從來沒聽過學校表示，因為我們是研究型大學，所以對教學可以不重視。相反的，正因是研究型大學，教學的負載反而更重，因為涵蓋更廣，責任更大。

Problem Based Learning 個案內容的擴展

我認為對的事就會去推動。

因此，任內第一年，我花了許多時間與心力在兩件事情上：一個是PBL個案內容的擴展；另一個則是基礎課程全面的整頓。

PBL，全名為Problem Based Learning（問題導向學習或專題式學習），是現在台灣醫學院常見的教學模式。

PBL於一九七〇年代起源於加拿大的McMaster（麥克馬斯特）大學，哈佛大學醫學院在一九八五年推出醫學教育改革時，採用PBL為其課程的一部分，自此，更推廣為全世界各醫學院的教育學習方法。

這種教學是排在大三、大四的課程，採小班制，容納約十名左右的學生，個案探討以「器官」為主，如心臟、肺臟、脾臟、腎臟等，而非以疾病討論為主軸。每學期平均探討八到十一個個案，經由文獻閱讀探究與不同個案的討論，讓學生對各種器官產生更多層面的了解。

之前我對PBL不熟，在跟著一起聽講後，了解它強調致病機制、診斷與治療的重點，且培養學生在「文獻彙整」與「口頭報告」的能力，這些都是非常重要的。

但以我公共衛生的背景，發現這樣的課程忽略了「預防」的項目，也就是中醫「治於未病」的概念。

於是，我向當時的公共衛生研究所周穎政所長建議在教材內容增加「預防」項目。周所長及當時的醫學系陳震寰系主任從善如流，他們在醫學系召開retreat會議，讓學生一同來參與討論，前後花了一年時間，終於把「預防」放入教案之中。

這個結果，讓我對自己專業所學能在教學上有所貢獻感到高興，更覺得選擇來到陽明大學是正確的決定。

預防醫學，讓醫生應事先避免疾病的發生

「預防」為什麼重要？

我以小兒子兆維的故事分享。兆維跟哥哥兆綱相差三歲多，我到霍普金斯大學任職的六、七年中，兩個孩子相繼出生，為了他們之後的就學考量，舉家搬到 Ellicott City，一個擁有不錯學校的社區。

當時兆綱五歲，我們帶著他及弟弟去看小兒科醫生 Dr. Michael May，Dr. May 開場不是問診，而是問兆綱：「你騎不騎腳踏車？」兆綱表示騎，醫生又問：「你有沒有戴安全帽（helmet）？」Dr. May 一再提醒我們：「記得一定要戴安全帽。」

我對他一開始的問題滿是訝異，事實上美國地大，孩子們在社區中來來去去，騎腳踏車是非常普遍及方便的工具。

之後有一天，小兒子兆維從外面溜滑板回來，一進門就給我們看他安全帽上一條深長的凹陷與刮痕，說他在玩滑板時一時失去平衡，腦袋撞上某處的尖角，使得安全帽留下驚心的痕跡。我們深深慶幸孩子有戴安全帽，不然現在受傷的就是他的腦袋。

醫生的提醒就是一種「預防」，避免孩子在日常生活中因突發意外而受到傷害。

如果沒有那頂安全帽，可以想見這場意外的後果，不但打破家庭的規律生活，造成家人雞飛狗跳外，也增加醫護人員的工作量，及社區醫療成本的負擔。

另外，在兆維兩、三歲時，我們注意到他看電視時一直不斷眨眼睛，我們先是提醒他：「Stop it.」但兆維卻說：「I can't help it.」有時候全家開車出門，兩個孩子坐在後座，哥哥兆綱也發現弟弟的喉嚨不時傳出「咳、咳、咳」的聲音，而且無法控制。

於是我們帶著孩子去找 Dr. May。醫生聽了我們敘述，表示孩子可能患有妥瑞氏症，並且建議我們去霍普金斯醫院看這領域知名的專家 Dr. Harvey Singer。

Dr. Singer 幫兆維做了檢查，確定孩子的確患妥瑞氏症。所幸，此症候有輕重之分，於是他接著問孩子一件事：「在學校，有沒有同學取笑你？」之所以這樣問，Singer 醫生表示，如果孩子無法控制的眨眼及怪聲遭到同學取笑，那他必須開藥給孩子；如果沒有的話，那就不必。

事實上，兆維不但沒有遭到排擠，而且朋友可多了，讓我們心中的大石總算放下。

之後，兆維每升一年級，我們都會在開學時寫信給老師，請幫忙留意孩子的人際關係。兆維很幸運，因為他就屬於 Singer 醫師所稱，年齡愈長之後，情況越來越減輕的族群，到現在已幾乎看不出任何症狀了。

兆維這兩個例子就是所謂的「預防醫學」（Preventive Medicine），醫生或護理人員經由與病患及不同人的互動，去扮演預防疾病發生的角色。

Dr. Michael May 讓我們了解一個真正好的醫護人員，不只在孩子生病時負責診斷治療，或定期幫孩子注射疫苗，同時，他也會站在預防的前線，幫孩子超前排除或減低受傷的可能性。

公共衛生和醫學應是一體之兩面

醫學與公共衛生，在過去曾經被區分為兩塊。一九七〇年代，美國匹茲堡大學一位教授 Dr. White，寫了一本書挑戰「醫學與公衛二分」的適當性。之前，皆認為「醫學」負責診斷與治療，後來分出來的「公共衛生」則負責預防。

但 Dr. White 教授認為二者實在不應該如此涇渭分明。我非常認同他的看法，公共衛生應該被重視，且在重視的過程中不應與醫學分站二處，而是必須成為一體之兩面，齊頭並進。

我提出PBL課程增添「預防」的建議，並不是新官上任，以此顯示自己在公共衛生領域的了解，而是希望站在全人教育的角度，將原有好的課程擴展增為更全面的領域，培養更多、更具有宏觀的人才。

在約翰霍普金斯大學服務二十八年期間，我曾經歷過四位校長，每一任都不是出自霍普金斯大學，而是從外界延攬而來的。記得其中一位 Dr. Bill Richardson，他的領域是公共政策，在他任內的五年之間，曾組織一個委員會，去檢視學校醫學教育的優缺點，並且親自擔任主席。

約翰霍普金斯醫學院不只是全美最好的醫學院之一，公共衛生也是數一數二，於全世界是赫赫有名的頂尖名校。但是，學校並不因此志得意滿，反而常常請外界人士來幫忙檢視，查看是否有需要改進之處。

Dr. Richardson 主持的這個委員會，就針對學校的醫學教育做了一些結論，當中一個結論我記得特別清楚，是「學校培養出來的醫學生（學士後）善於治療疾病，但不善於治療病患（Good at treating diseases, but not good at treating patients）」。

一個可能的原因是，學校的醫學知識豐富充足，學生習慣於把病人當作一個實體來做診斷，檢視出病症，給予適當的藥物及治療，從而忽略了在視眼互動的診療中，病患是具有情感、會擔憂恐懼、需要付出更多耐性與了解的人類。

有了結論，那如何解決這個問題？霍普金斯大學做了一個很大的改變與決定。美國一般醫學院是在大四才開始接受申請入學，霍普金斯則提前到大三，學校並鼓勵他們在大四被接受入學後去多修一些人文課程，培養更多人文素養，期望做到視病猶親。

整頓大學基礎課程　讓醫學與全人教育兼具

這樣的思維，我十分認同。所以，在講醫學教育之前，我們必須要先談全人教育，大學教育的意涵是什麼？又為何重要？

由於美國的醫學教育都是學士後開始，但台灣的醫學系是從大學開始，如何做到醫學與全人教育二者兼顧，對我來說，是一個很大的挑戰！

我認為大學是青少年走入成年人或是走進社會之前的銜接與磨練，大學除了給予專業的教育，仍需適時給予學生為人處事的教導，並培養他們懂得生活，以及具有領導與被領導的能力。專業知識與能力培養，成為大學教育非常重要的兩大面向。

所以，任內第一年除了擴展PBL的內容外，我也花時間重新規劃學校的基礎課程。既然是基礎課程，就表示為知識的基礎，打好基礎是學習的重要一環。光是訂出哪些該為醫學領域的基礎課程，前後就花了五、六個月的時間。

在基礎課程的建立過程中，也遭到一些質疑，但我歡迎帶著不同意見的師生來找我，大家坐下來一起討論，而不是私下認為我是校長，是數學系出身或學有所成，所以存有私心。

我希望透過討論，跟每一位參與的老師說明我的觀點與看法，「溝通」也是現代人必須學習與具備的態度與能力。老師願意表達不同意見，更意味著他「在乎」，討論之中，可以學習聆聽與包容他人不同的聲音。

記得那時跟負責基礎課程制定的生命科學研究院院長高閬仙，及當時的教務長許萬枝，歷經了半年的討論及溝通，終於訂出微積分、物理、化學、生物及資訊等五項課程。

同時在教學上也定下幾個原則：

1. 小班制
2. 資深老師授課
3. 具備同一領域PhD（博士學位）的專業老師
4. 進階課程

從原則的制定上，可以看出我們對基礎教育非常重視。小班制，是希望在基礎課的課堂上，老師不只是授課，學生也不光是聽課，還需有一定時間可以提問，老師有相當的餘裕帶領學生做必要的深入討論。能達成這樣的學習，學生才能真正的吸收知識。

大班制並非不行，但必須有額外配套。大班的缺點，多年來的實行已顯而易見，容易落得老師一個人講課，而學生數量太多，也壓縮了學生想問問題的時間，導致深入討論無法完全。

提問與討論，都是課堂上非常重要的一環。學生如何提問，彼此之間如何討論，都是一種學習。不光是從學生端來看，有時候老師從學生問的問題上，也可以得到很多啟發。

我重視老師，不只從過往自身的學習經驗，也從孩子分享的歷程證實，認真的好老師，是影響學生學習至關重要的關鍵。硬的課程很容易讓學生失去學習興趣，而引發興趣學習相對艱難，好老師非常重要。

只是，基礎課程從制定到實行，沒有想像中那麼容易。光在溝通與尋找心目中理想的老師，確實讓我在時間與人脈上下了不少功夫。裡面的點滴，將在下一章節一一敘述……。

大學除了給予專業的教育，仍需教導學生為人處事的原則，並且培養懂得生活，以及領導與被領導的能力。

4 基礎課程制定與延攬老師

基礎課程的制定考量，在前述的幾個原則下，訂出微積分、物理、化學、生物及資訊等五項課程。

基礎課程不單是醫學系，也是全校所有校系都必須上的課，這些課程都是我們幾經考量、討論下，認為是陽明大學學生必須具備的「硬底」知識基礎，絲毫馬虎不得。

但課程訂出來後，推動上難免出現雜音，尤其是微積分課程，醫學系有些師生提出質疑：為什麼醫學系的學生要修數學？醫學系學生畢業後大多是當醫生、看門診，這些跟數學好像沒有多大關係，那麼規定上數學課的目的是什麼？

數學是科學的基礎，培養邏輯與分析的能力

聽到質疑，就必須去做溝通。

站在教育的角度，我認為數學是培養學生邏輯與分析的能力，也是科學的基礎。可能，這門學科有些學生將來用到者少，卻是一種基本功。學生若可把基本功練扎實，往後遇到新的知識，在抓取及理解上就能比較快速。

再者，我也提醒老師們，醫學工程也是從醫學領域分出來的一個重要學門。以約翰霍普金斯大學的醫學工程學系為例，它的大學部在全美排名不數一就是數二。

我曾跟一位醫學工程系所老師交談，他告訴我，他們大學部的學生要修六門數學課。

但現在，我們只安排修一門微積分就出現了雜音。事實上，不管學生將來往哪個領域發展，只要打好扎實基礎的底子，都可以少走一些冤枉路。而老師們應該站在學生角度替學生們設想，是我們為人師長該做的事情，也是所謂的以學生為上。

在我的年代，有一句話眾所周知：「數學是科學之母。」但這句話隨著時代推演，好像逐漸被大眾遺忘了。

之前，醫學系不是沒有數學課，他們也開過一門叫「醫用數學」的課程，但我逐一審視，發現授課老師並不是數學專業，而且授課內容拼拼湊湊，不容易看到授課邏輯。這樣充滿瑕疵的課程，連老師也無法理解下，學生就更難以領略數學在科學領域中扮演舉足輕重的位置，成為一門不痛不癢、「有就好」的課程。

在我不放棄地溝通及堅持下，質疑聲音慢慢消失了，但接下來，要面對另外一些問題。

因為基礎課比較「硬」，我特別在意授課老師的延攬，根據以往的經驗，我知道好的老師可以引發學生學習興趣，讓學生持續努力不放棄，相反地，專業能力欠缺的老師，若不能深入淺出，很容易讓學生失去興趣。

好的老師，能引起學生的興趣，激發學生的潛力

我這樣挑剔，是有背景故事的。

在約翰霍普金斯工作時，原本住在巴爾的摩郡，後來為了孩子上學，特別遷到郊區，正是看中社區中不錯的學校。但兆綱在整個高中四年中的前兩年，我一直不斷聽他抱怨他的數學老師。他的抱怨引發我的存疑，當初搬來這裡，正是因為這所學校的老師好。

直到有一天，我接到老師的通知，她說兆綱抄襲，要找我們去學校面談。學習成績不佳是一回事，但「抄襲」指控茲事體大。老師說，兆綱的數學作業永遠只寫答案而沒有過程。我理解兆綱，他從小喜歡數學，但我幫他看功課時，也發現

他的數學作業從沒寫過程，我還向他解釋過，學到一定程度，可能需要導入公式，那就需要寫出過程。

不寫過程，怎麼知道這個答案對與不對？如果答案無誤就算了，如果答案不一樣，必須重新再做計算，過程，是幫助檢視錯誤之處。但兆綱很倔強，不從就是不從，且只回我一句：「過程都在我的腦袋裡。」

我了解孩子的牛脾氣，也明白他絕對不是抄襲。但因為這個老師，兆綱一直以來維持在A的數學成績，一下掉到了C。成績驟降，確實讓我滿難過的，但我最難過的不是成績退步，而是發現孩子對於數學的興趣正在失去。現在，老師竟然指控孩子抄襲。

老師要求把孩子的數學課轉到低一點的班級，我並不認同，於是我和永銚去找學校數學團隊的組長跟他溝通。對方表示，如果決定要維持在原來的班級，那家長必須簽名，意思就是，之後的問題一切由我們自行負責。我想了一下，決定簽名。

升上高三後，兆綱終於換了一個數學老師。那位老師教得很好，我也沒有再聽到他的抱怨，而且數學成績又拉上來了，到最後還有資格上大學預修（Advanced Placement，簡稱AP）課程。在美國能夠上AP課程的學生，表示程度是相當優秀的，通過了AP考試，兆綱進入大學，可以直接跳修微積分三（level 3）。

前一位老師讓兆綱失去興趣，後一位老師讓孩子重拾興趣，還讓他在大學時願意繼續往數學的道路上鑽研深究。

我想知道這位老師究竟哪裡好？向來是個悶葫蘆的兆綱用英文回答：「He Knows what he is talking about.」高中階段的孩子，多半狗嘴裡吐不出象牙的，但這個回答，是一個非常高的恭維，可見好老師影響之大。

回到之前的那位女老師，在我們聽完她的說法後，我隱約感覺一絲種族的偏見與歧視。離開後，我帶著不悅去找校長，校長也是一位女性，讓她知道這一件事情。

後來還發現，隔壁鄰居的孩子也多所抱怨，這才了解那位老師的專業能力不夠，她在教「前微積分」時，不是讓學生一直做習題，就是打開書本照本宣科，她看到兆綱永遠只寫答案的行為，馬上認定是抄襲他人，這樣的上課方式，學生想當然一定感到無聊。

當老師不具備專業及教學能力與熱忱，學生是不會有興趣的。

我也有身為家長的憂心，深怕小兒子兆維再遭遇同樣的老師，就在兆維上高中時，我直接打電話給校長，希望避開這位老師。想當然，校長表示這樣的要求無法照辦，但我鍥而不捨，我說，你記不記得當初兆綱的情形？話一出口，她接受了，把兆維調到別的班上去。

所以，在延攬基礎課的老師上，我非常審慎挑選，博士學歷，表示具有高度專業；資深，表示教學經驗足夠。

至於其他的課，問題都不大，如物理課，學校的醫學工程系、生醫光電研究所裡，都有具物理PhD的老師；化學課，學校有生化研究所；生物課，有生命科學系；資訊，有生物資訊研究所。

最麻煩的還是數學課，學校沒有具數學博士學位的資深老師。

延攬于振華教授大一數學

有人覺得以我清華大學數學系畢業，美國留學第一年當助教，也曾硬著頭皮上台教大一新生數學的經歷，也許可以擔任微積分授課老師。但我覺得自己不夠資格，只有數學學士是原因之一，我太久沒有接觸微積分教學，是原因之二。而我希望延攬來的，不管在專業及教學經驗上，都是有口皆碑。

幾經打聽，終於打聽到在國立中央大學數學系任教的于振華老師，聽說于老師教書教得極好，那時，我尚需要回約翰霍普金斯完成一學期的教學，所以，由高閬仙院長開車到中壢，親自拜訪並提出邀請，于老師同意了。

醫學系微積分的課開在早上八點半，于老師往往比課堂時間更早來到學校，先往山頂球場跑步一陣後，然後精神奕奕進入教室。

第一學期，我事先讓于老師知道我會去旁聽。這樣告知，難免讓人產生校長是否懷疑于老師的教學能力？但我不是來盯場的，而是來學習。正是聽說于老師教學能力非常之好，亟欲親自領略，也想藉此機會讓學生知道，校長對基礎課程的重視。

果然，聽于老師講課下來，收穫與學習良多。他不僅專業知識俱足，在教學上也很有一套，尤其使用PPT（PowerPoint）而不是用粉筆和黑板來講微積分的教法，簡直超乎我的想像，讓我大開眼界。

微積分的老師問題解決了，那麼「進階微積分」的老師呢？又為什麼要安排進階課程？

陽明同學資優，有些高中時就已接觸過微積分了，年輕人需要的是挑戰，而提供機會給同學接受不同的挑戰是我們應有的責任。

邀請朱啟平教授進階微積分

事隔一、兩年，我打聽到東吳大學數學系教授兼理學院院長朱啟平老師，聽說她教學認真，還開和數學有關的通識課程，又是小我三屆的清華數學系學妹，於是我向她提出邀請，她也答應了。

一般來說，大學教師可以在外兼課四小時，朱老師在東吳大學擔任主管，所以只能在外兼課兩小時。但這限制沒有阻礙朱老師的認真，朱老師堅持「進階微積分」要教三個小時，唯有三小時授課，才足夠學生完全習得。

朱老師拿兩小時兼課的費用，卻自願多加一小時教學，數學人的計算與考量還真不太一樣，也由此可見她對教育的熱忱。

朱老師的堅持，更讓我眼前為之一亮，直呼找對了人、真的是好老師。不過，朱老師接著也表示，因為她同時擔任理學院院長，只能來教一年，但之後她會介紹一位在淡江大學教書的學弟來接手。

于振華與朱啟平老師在教完一年後，我請兩位老師一起吃飯，感謝他們一年來對學生的付出。用餐中，朱老師說：「我已經叫學弟不要來了，我想繼續教下去。」聽她這樣說，我真是欣喜萬分，立刻回應：「歡迎！但學弟還是可以來，因為還有其他系所也需要數學老師。」

朱老師表示，這是她第一次教進階課程，教完一年後，覺得在內容上還可以修改、調整得更好。「進階微積分」相等於美國大學的微積分三（level 3），是將微積分與線性代數做結合，而且強調「證明」的重要性。朱老師不但教學認真，本人也充滿好學精神，因為，進階微積分是比較新的知識，授課上難免先從舊知識開始，再連接到新知識。

但她發現，只要一講舊知識，學生的注意力馬上飄走，但一進入新領域，學生立刻眼神集中，精神一振、專心聽講。學生行為的改變，加上課堂上「舉一反五」的回饋，帶給朱老師很大的鼓舞。

那一學期醫學系的教師評鑑，于振華與朱啟平老師，一位拿下第一、一位排在第三。這樣的結果，讓我更堅定基礎課程設定的原則與實踐的方向是正確的。

相較之前一些老師的質疑：「為什要修這門課？學生將來都是要接觸病人，數學一點也用不到。」的說法，我更持保留態度。事實也證明，學生並沒有不在乎，只要老師願意投入心力努力教學，學生也願意跟著一起向前邁進。

盡可能提供機會給真心想學習的學生

基礎課程在花心思設定及經行政同仁努力推動下，慢慢的，我開始聽到一些讓人欣慰的聲音傳出，特別在護理系。

相較於醫學系，護理系學生的數學程度稍顯弱一些，抗拒上數學課的心情也可想而知。但系上的一些老師與同學都慢慢感受到這些基礎課程的重要，認為的確應該好好學習。

對我來說，身為陽明大學的大家長，就是要站在這個位置上，為培養學生做全面的考量。我自認訂出來的原則只是最起碼的要求，有些可能尚無法全然做到，但總要想辦法去解決，例如學校若沒有專任的老師，至少也要有意願投入的兼任老師。站在教育現場，我們更要把視野打開，不時調整改進，不要總以「有沒有用」來做拿捏的藉口。我希望苦心為學生安排的課程，可以在往後派上用場，而不是立竿見影、好去爭取更多虛名與資源。

上任後，曾有幾位醫學系學生找我，往往一談兩、三個小時。有些人在高中時參加過國際奧林匹克數學比賽，有的是因父母關係才念醫學，他們想出國深造，我也非常鼓勵。

其中一位，剛在約翰霍普金斯修完流行病學博士學位，他對數學很有興趣，本來想念生物統計。在我來之前，他們修的是醫用數學，但我認為這個課程鋪墊的底子並不夠，勸他們盡快把微積分補強起來。於是，有學生去上當時交通大學MOOC線上課程，他們真心想要學習，我們就應該給他們充實自我的機會。

大學是人生的黃金年華，是邁向成熟的重要階段，回到大學教育場域，學校不僅僅要提供知識的攝取，還要給予空間讓學生發掘自己的興趣，及參與各種社團活動的空間，從中學習互相尊重，領導與被領導的能力，還有面對挫折與困難的挑戰。所以在課程的規劃上，我希望盡可能把這些考量都容納進去。

小班制的道理也就在這裡。除了在授課與學習的時間上可以更為充裕外，在有限的同學人數之間，大家可以認識彼此，交到可以互相切磋的知音，發揮激勵的影響力。

記得我剛到西雅圖華盛頓大學讀博士時，第一天就觀察到在同學共用的研究室裡，每一位同學的書架上都擺著相同的一本藍皮書，只有我沒有，頓時感到一絲不安，下課後，立刻跑到學校書局去購買。同儕無形中的激勵與支持，也是推自己向前的動力，事實上，這本書對我日後的求學有莫大的助益。

不斷給予學生刺激，鼓勵他們面對挑戰

進階課程的開設也是如此，讓學生習慣面對新的挑戰，給予嘗試挑戰自己的機會。學生需要這種機會嗎？答案是肯定的。

兆綱讀小學二年級時，有段時間每天要上學時就坐在樓梯上哭，不想上學。有一天，我們勉強送他到學校，跟老師 Mrs. Pond 說明這個狀況。老師也真好，立馬開始思索著孩子不想上學的原因，後來發現，原來是兆綱的數學課被分在較低程度的班級。因為他話不多，老師以為他學習比較慢，找到原因後，馬上將他調到最高程度的班級，結果兆綱每天過得如魚得水，再也沒有拒絕上學的行為出現。

因此，師長授課中，不要讓學生感到無趣，而是不時給他們刺激、鼓勵他們去接受挑戰，學生如同海綿，可以吸收很多東西。而且只要察覺出問題，就立刻想辦法解決，學生在學習上就會變得不一樣。

身為師長的我們，更千萬不要自以為是，去妄自推測學生的想法，年輕孩子的潛力無窮，我們要做的，就是盡可能提供機會。

好的老師可以引發學生學習興趣，讓學生持續努力不放棄；專業能力與熱忱欠缺的老師，只會讓學生失去興趣。

5 通識課程——站在巨人肩膀上

台灣的現代通識教育，最早起於國立台灣大學設立通識課程，教育部於之後才發布《大學通識教育選修科目實施要點》，但在時間上，晚了歐美將近一個世紀。

通識課的出現，是教育者對於現代逐漸走向過於專門的分科教育，從橫向面去創造的跨領域學科，除了培養學生對不同知識的認識、達到融會貫通外，也期望學生從中發掘自我興趣，並養成思辨能力，成為一個「全人」。

通識教育早已成為歐美大學必修科目，但在台灣，在我就學的年代，尚沒有通識課的概念。

後來出現了，但總擺脫不了「營養學分」的印象。「營養學分」顯示出學分容易取得，是相對次要及不必太重視的課程。從學生的心態，又可窺見學校對通識教育的看法，要扭轉這種觀念，學校——尤其是校長——的態度及立場極為重要。

透過通識課程培養醫學院學生的人文關懷

二〇〇八年，當時的中華經濟院董事長朱敬一，召集並主持全台七所頂尖大學通識課程評鑑，台灣大學拔得頭籌，但陽明大學卻在評鑑中墊底。

對校方來說，陽明是一所專業醫學大學，學生實習時間可能都不夠的情況下，遑論顧及通識課程。但我認為這種觀念不正確，相反的，醫學大學更需要通識課程，我們既然期望學生做到視病猶親，那就更必須培養學生的人文關懷。

評鑑結果的慘況，讓當時的吳妍華校長痛定思痛，並於當年成立了「人文與社會科學院」，請來清華大學傅大為教授籌備及擔任院長。

傅教授是低我兩屆的清華學弟，本身念物理，後來去美國哥倫比亞大學拿了科學史及科學哲學博士。他與十幾位老師一起規劃，定出包含三大部分的通識課程：「核心課程」、「語言」及「博雅選修通識」。

「核心課程」規劃出六項領域：《哲學與心靈》、《歷史與文明》、《社會與經濟》、《倫理與道德思考》、《科技與社會》及《藝術與文化》；「語言」分別為中文及英文；「博雅選修通識」則是不分領域的研討，為「核心課程」的「進階」。

六項領域，每一學期皆開設許多課程，每個課程2學分，學生至少需修四個領域共12學分，到現在大致還是如此；中、英語文則需修滿6個學分；「博雅通識」在我任內時需修到10學分，後來減為6學分。三項加總起來共28個學分。

又為避免大家公認通識課「太營養」，學校還做了一個決定，要求每門課學生成績的平均分數不得超過85分。

我到任後，看到陽明大學通識課程開得其實比我想像中多，兼任的老師頗受好評。檢視通識課程後，我覺得還可以做得更好。

我認為，不管是基礎課還是通識課，兩個學分都太少，至少需要三個學分，學生才能學得比較完整。學生畢業需要一二八個學分，平均算來，一個學期需要修滿將近二十個學分，一個課程兩個學分，那也至少要修七、八門課，這麼多門課，學生要怎樣完整吸收？

以醫學系學生為例，醫學系念六年，一、二年級修通識課，很多同學到了三、四年級覺得好像夠了，就不修了。但通識課其實是一種終生學習。

為什麼出現這種情形？原因在於課業太重。

聆聽學生對於課程安排的需求

剛來到陽明，為了拉近與學生的距離、聆聽他們的想法，我除了在個人臉書上發文與學生溝通，也和很多學生互相成為網友，每個月固定一次舉辦「與校長有約」聚會，創造在輕鬆狀態下與學生面對面交流的機會。

當時，我找了十幾位醫學系三、四年級的同學來聊天，提到我想推出三個學分的通識課，詢問學生的看法。我跟他們解釋，核心課程必修12學分，那麼六年之中可修到四個領域，另外兩項怎麼辦？可以從選修課來補齊。

至於三個小時的授課方式，老師可以講三小時的課，或講課兩小時、另外一小時做討論，或安排學生做報告（presentation）。三小時不管對學生還是老師來說，沒有兩小時的綁手綁腳，且可以安排一些多元活動，都是更好的安排。

同學們很支持這個想法，於是，我去人社院找傅大為院長，還有創立心智哲學研究所的資深教授洪裕宏，他們對三學分的想法也認同。於是，傅院長提議先開兩門課試辦一下。洪裕宏教授自願教一門哲學相關課程，但最後這個想法並沒有成功，其原因會在下一章節描述。

三學分課程試辦沒成功，深入了解原因的同時，我沒有死心。

機緣巧合下，我認識了朱敬一院士。他當時是中研院副院長，後來借調去行政院國家科學委員會擔任主委。他是台灣的經濟學家，對台灣通識教育的落實十分重視，也是第一位走進高中校園，用深入淺出的方式，引導初入高中的學子走入人文與社會科學世界的學者。

科技部「人文講座」加強陽明通識課程的陣容跟能量

關於通識課程，朱敬一認為只讓某一所頂大獨大不見得好，應該持開放的立場與資源，讓大學之間做良性競爭。

他覺得我們在通識課程這一塊做得不錯，也認同應該讓陽明大學更具競爭力。我則從另一個角度看，覺得中研院應該在台灣高等教育，特別是大學部，扮演重要的角色。

認同彼此看法下，朱敬一在科技部爭取到一個研究計畫，而且說服了中研院翁啟惠院長並得到他的支持，於是，由陽明大學與中央研究院攜手合作的「科技部新世代跨領域科學人才培育計畫」成立了。陽明大學由當時的高閬仙副校長主責，而中研院則由當時的王汎森副院長負責院內的協調。

這是少見的科技部培養大學人才的計畫，讓我們跟中研院包含語言、政治、社會、文史哲等十一個人文社會相關的研究所合作，囊括最優秀的師資陣容，配合學校設定的六個領域下，開設「人文講座」課程，每一學期開設六門課，每一領域開一門課，學分可計入核心通識課程，以此加強陽明通識教育的陣容跟能量。

考量有些學者學問做得好，卻不見得擅長教書，所以我們又從經費中撥款請了六位助教，協助他們教學。

另外，我們還做了一項決定，一般的上課方式是老師到學校來，我們則是由學校安排交通車，把學生送去中研院上課。我希望學生走出校園去全國最高學術機構，感受知識無所不在的氛圍，開闊他們的視野和胸襟。

「巨人的肩膀」小班授課，與大師交流對話

除了「人文講座」，中研院還推出了「巨人的肩膀」課程，學分可計入博雅選修通識課。

「巨人的肩膀」採小班授課，讓學生和來自不同學術領域的大師們做近身交流、共同研習及對話。親自聆聽大師們的教導，接受他們嚴謹的邏輯思考訓練，我想，不

管在學習還是經驗傳承上，這對學生都是最好的觸動與啟蒙，去建立更為宏觀的人生藍圖。

我在校長任內時，「人文講座」開了二十七門課，師資群包含了三位院士，一位是朱敬一，一位是也當過副院長的王汎森，他的近代史研究可說是世界權威，另一位是當過故宮博物院院長的石守謙，為知名的藝術史研究學者。

師資堅強外，教學方式也參考國內外知名大學的通識教學設計，每堂課七十分鐘做講座授課，另三十分鐘做分組討論，有時還安排戶外教學，到與課堂內容相關的實地參觀走訪。

在學生課後的心得與反饋上，很多同學提到他們的視野與眼界從此被打開，變得更加開闊了。

有同學表示，「上完課以後，看見生活中的每樣東西都有不一樣的感受，學會用欣賞的態度面對生活……」；也有同學開始注意台北捷運公共藝術的存在，發現曾於美術館看過的畫作出現在其中，產生「一種很驚奇的感覺與獨特的感動」。

同學們表示，他們學到更多元、深入的思考方式。有的同學從老師帶給他們的思考工具，學到如何看待「異己信念」，產生自己也覺得不可思議的想法；有人甚至在參訪台北農產運銷公司，了解其中運作下，之後看見一顆高麗菜，便會開始思考菜價背後藏著許多人的努力與複雜架構。

聽學生們有條理的陳述，看他們逐漸成長、邁向成熟，真是沒有什麼比這更讓人感到欣慰了！

打開視野與眼界，學到更多元深入的思考方式

陽明與中研院合作的通識教育課，讓學生有機會接受優質的人文薰陶、培養獨立思考，這與過往「營養學分」的課堂完全不一樣。這種方式教導學生打開更寬廣的思考面向，和不同領域人士對話，讓通識課不再只是單純的接受知識。

當然，這種做法也引來一些外界的閒言閒語，說中研院「獨厚陽明」等等。以至於後來開設的「人文講座」，中研院不再僅限陽明學生修課，也開放給台北醫學大學與國防醫學院兩所醫學大學的學生。

對我來說，別的學校想加入，我們不但歡迎，而且還希望更多人一起來修課。教育者的立場，本應如同站在巨人的肩膀上，把心胸放寬，並且看向最遠的地方，而非心存本位主義。

事情能夠做到學校、學生與中研院三贏的局面，我想，是很多人一起努力的結果。

朱敬一院士發揮了自身的影響力，鼓勵老師來授課，並招來有心教育的老師；更感謝翁啟惠院長的大力支持，願意對高等教育，特別是大學部，提供如此特別的通識課程。

在陽明大學校方，我很感謝人社院傅大為院長能接受建議與各種安排的工作，還有高閬仙副校長身負重任的奔走……。回想起來，我們一點一滴、最後梳理出了一條全人教育的脈絡。

高等教育對於國家、社會甚至個人，都是很重要的一塊，也占了我工作生涯的絕大部分。在大學教育，我特別聚焦全人教育，就是希望我們的高等教育培養出來的是優秀的「人」，而非「匠」。

我特別聚焦全人教育，就是希望我們的高等教育培養出來的是優秀的「人」，而非「匠」。

6

檢討失敗原因及因應之道

之前提到，三學分的通識課程在推動和執行上，我們操作起來遭遇了很大的困難。

最先出現的問題是排課。在排課上，那時校方出於好意，規定每個系每周需空出一天半的時間，僅能安排通識及基礎課，而不能排自己系上的課。但這種規定後來慢慢出現變質，我們發現許多老師們都在「偷跑」，讓通識課程無法徹底執行。

面對這樣的情形，如何能排三個學分？分成兩天排課也不容易，或者排在三、四、五堂或七、八、九堂，但第五堂已是中午時間，大家應該吃飯，如果是邊吃邊上課，那效果怎麼會好，而且對授課老師也是不尊重。

七、八、九堂的第九堂也很尷尬，授課老師可能在原本課後有私人安排，加上我也鼓勵同學課後參與社團活動，第九堂的存在實在讓人為難。所以，最後沒有實行得很成功。

但我必須肯定老師教學的認真，也感謝傅大為院長與洪裕宏教授的支持。

三學分通識課程排課困難、學生實習時數過多

後來，我去跟幾位系主任做了深入了解。當時的醫學系跟牙醫系，前者讀七年，後者念六年，系上的課業繁重不說，實習課的時數更是驚人，三學分的通識排課在執行上確實困難重重。但我不解的是，其他讀四年的系所，為什麼課業也這麼重？

了解後發現，除了生命科學系與醫學工程兩系外，其他科系的學生都要考證照，想考取證照就需要實習，實習課占去學生很多時間。尤其，實習課多集中在三、四年級，就算學生偶有空餘時間，可能也沒有精力與心情再去修通識課了。

證照考試，造成通識課與基礎課程被擠壓，儘管我花功夫去推動，但心裡也明白，很多與證照相關的學會在這推動上並不會積極，因為，做這些對學校的排名不會產生實質助益。

但我沒放棄，繼續一探究竟，想知道為什麼學生們需要花那麼多時間在實習上？

我去拜訪物理治療學會，了解牽涉實習時數的規定。之前，我認識一位朋友叫胡幼圃，他當過藥政處處長，當時是考試院的考試委員之一。我跟他說明正在推動的課程及遇到的困難，他也很願意支持，甚至在考試院某一次開月會的時間中，胡委員親自帶著其他委員們來到陽明大學，與我們一起開會討論，終於找到問題的關鍵。

很多事情看似單純，背後其實盤根錯節，學生實習時數過多的主要原因，起因於專業公會的態度，公會堅持就是需要這麼多時數。

以護理來說，許多護專皆是私立學校，私立學校收費高昂，必須提出足以吸引及說服學生前來的條件，「實習時數多」變成讓家長買單的一項。換到國立大學護理系亦然，在這種壓力下，大家必然無法在實習時數上做減縮，就算是考試院，也無法影響各校長期運作下形成的既定方式。

雖然，我覺得這樣不太對，並仍然花時間去奔走，希望改變一些事情，但終究徒勞。有些護理系同學曾跟我表示，他們其實並不需要那麼多實習時數，也希望有更多機會再去學習，如果減少實習時間，就可以增加空間去修其他課程。

五年一貫學程，給予學生彈性時間選修通識課

儘管，許多系主任與老師都仍願意支持，但在改變卡得死緊的現狀下，並不容易。

於是我開始思考，在無法改變的條件下，有解決方法嗎？其實是有的。

我和系主任一起討論，想到可以推動一個「4+1」的概念，也就是現在很多大學

都開始實施的「五年一貫」。

4+1是原本的四年再加上一年，五年時間念完後，可取得一個學士及一個碩士學位。除了雙學位的好處，也解決通識及基礎課程遭排擠現象，讓學生利用五年的時間，多修一些通識或基礎課。

在4+1的概念下，我們同時安排了三種讓學生在畢業後可選擇發展的路徑（tracks）：臨床、研究、公共衛生行政。

如果學生想走臨床，可以在實習上多補強；想做研究的話，就需要多補修一些基礎課程，方法論上也必須更加強；若想走衛生行政，以後可以到如衛福部等單位工作，去規劃及推動一些好的政策。

關於後者，那時我們還推了一個一年的MPH（Master of Public Health）公共衛生碩士的學位學程，在美國許多公衛學院都是這種一年的學程。意思是同學念完四年，可稍停下來，去念一個帶學位的學程，再回來繼續自己原本的修習學業，其目的是要吸引更好的學生來就讀。

大家多很支持這件事情，卻還是遇到阻礙，問題到底出在哪裡？

原來，問題卡在大學法。在大學法中，學士可以直攻博士，也可以碩士轉念博士，卻沒有學士直接升碩士的規定，必須拿到學士才能念碩士，碩士可念完一年，直接攻博士以縮短求學時間。

因此，風險在於如果學生碩士沒念到畢業，在文憑的取得上，可能一個學位也沒有。因為這個侷限，讓我們對學生無法全面地承諾。

看到問題，我又跑到教育部反應，但部方表示，這種情形可能要修大學法。我也聽到許多學界人士倡議，必須修改大學法。我的了解是，儘管目前教育部有提出修法的規劃，但看起來還有一段路要走。

但不論如何，規劃4+1的目的之一，在於以五年時間，讓學生修到扎實的基礎及通識課程，也希望大家不要將課業繁重當成一個放棄通識課程的藉口。在三學分無法徹底執行下，採4+1方式，也是一種補強。只可惜兩者在實行上都有瑕疵，仍有努力改進的空間。

相較於美國大學，台灣的大學實在缺乏彈性，彈性的好處，可以讓能力足夠的學生，在短時間內拿到不只一個學位，更早去實踐自己的人生。

現在，台灣有些學校也開始做4+1了。其實，如果規範上不要那麼吹毛求疵，大學這樣推動，將變得更有吸引力。

豐富而多樣化的語文及文學課程

另外，陽明大學有待加強的是語言課程。語言的重要不必多言，就算是科學專業，仍需要語言述明，更需要具備寫文章及參考文獻的能力。

陽明的二十八個必修學分中，語言占了十二學分。但我們在語言課方面，只有中文與英文兩種選擇，另外，只有零星的日語及德語課程。

陽明大學因為沒有文學院，光要請到專業老師來授課都不太容易。但一有機會，我還是希望用別的方式讓大家知道語言的重要。

記得，我們曾在校際演講上請來詩人余光中先生。看起來仙風道骨的余先生，側面看去，更是異常扁平與瘦小。他來講十四首詩，大部分是自己的創作，還包含一首英國女作家的作品。

聽余先生念詩的聲線，跟看書完全不一樣，抑揚頓挫，附上手勢、表情，非常觸動人心。他先用中文念，然後解釋那首英國作家的作品，接著用英文誦讀，感覺非常不同。

有人提問，如何加強自己的英文實力？他毫不思索地回答：中文底子要打好。仔細想，很有道理，中文到底是我們的第一語言，我們的思維與邏輯的建立都從這裡開始。基礎打好了，學習任何其他的語言都能事半功倍了。

我們也請作家白先勇先生演講，他來講崑曲《牡丹亭》，我原本對崑曲有一點排斥，主角就是小生與青衣，演出節奏又慢，個人比較喜歡京劇的老生與花臉。但經白先生的解說後，知道這是明朝時代有錢人才可以負擔的娛樂，表演講究細膩，詞曲優美。他曾找兩位完全不懂崑曲的年輕人去教，之後在需要九個小時表演時間中，分三天演出。

演講中，白先生播了其中的一段，他也就站在台上一起看，臉上的表情非常享受與投入，成為演講中另一種風景。有人問，我們要如何加強中文的實力？他建議，去讀紅樓夢、三國演義這些文學經典，這些都是給語文打底子的最佳經典。

永銚也曾在陽明代課兩個學期，她表示，陽明的英文課跟她在中央大學語言中心授課很不一樣。中央大學的大一英文是全部統籌計畫分三個等級，用什麼課本大家一起討論；但陽明則交給老師安排，只要跟英文相關，開一個小說選讀或是開電影與文學都可以，老師擁有完全的自主權。

她覺得這種方式蠻好，且在安排上要適應陽明的學生，很是特別。但陽明學生很聰明，程度普遍不錯，交付任何作業與活動，學生都能自動自發去完成。這與她在別所大學的教學經驗很不一樣。

我們因語言課的老師不多，以至無法做到程度分級，不過，從正面角度來看，由於學生程度不差，老師在教學上擁有許多自主權，這樣的彈性其實是很珍貴的。

定下給分規則，但也不怕爭取「例外」

前面說到，陽明大學在通識打分上面，規定每班平均分數不得超過85分，立意是修正學生覺得這些是「營養」課程，而忽略好好學習的心態。永銧在代課時，也曾遇到學生來「討論」成績的困擾，學生覺得自己上課認真，也達到老師所有要求，85分的限制，似乎在師生端都有點讓人為難。

永銧的事情，也是一些老師共同遭遇過的難題，規定的存在有其必要，但學生的努力也應被肯定。凡事沒有完美，但困惑需要解決。於是，我跟人社院同仁表示，很多事情有規則（rule），就應該有例外（exception），如果都一成不變，大家也無法與時俱進。

特別在一些特殊情況下，應該允許「例外」產生。譬如真有這個情形，老師可以跟院長或負責通識教育主管反應，說明這班的學生真的很用心，允許老師們給學生更好的成績。如果傳出雜音，當主管就要負起責任，去解釋給有疑慮者聽，打出「例外」分數的原因。

我在主持主管會議時，也是抱著這種態度跟大家說明發生什麼事情、以及解決的方式，讓大家了解為什麼，而非因為我是校長，我說了算。每個人都需要justify（合理說明）自己的意見，即使是校長，也需要跟大家溝通解釋，才能贏得彼此的信任。

主管有沒有膽識允許「例外」，是一個挑戰；當雜音出現，能夠善盡溝通與擔當責任，是一種承擔，具接受挑戰與承擔的胸懷，這個學校才能進步。

在陽明大學從事行政工作，深感領導者在心胸及做事方面，必須做到無私且持開放的態度，因為什麼樣領導者，就會吸引想法、價值觀類似的人來一同共事。這提醒我，領導者一定要站在宏觀的立場來看問題，處理問題，不要被外界及自我情緒影響；如此必然能夠帶領大家邁上一條寬廣長遠的大道，走向美好，走向光明！

領導者一定要站在宏觀的立場來看問題，處理問題，不要被外界及自我情緒影響。

7

鼓勵學生參與社團活動

「興趣」在我人生的取捨中，一直扮演很重要的一環，不管在大學選填志願，還有後來工作的選取方向上，興趣，總是在關鍵時刻指引我的人生。

不僅如此，興趣也幫助我打破陌生圍籬，開啟人際關係的交流，是快速融入新環境的最佳方式。

華人的傳統教育模式，總希望孩子好好念書就夠了，其他的雜事不做也罷，這種觀念無形中養出許多所謂「書呆」型的孩子，這樣的教育非常需要修正。

因此，我很鼓勵陽明學生多參與社團活動。社團活動不僅滿足學生發展自我興趣，在參與活動中學習與人合作、交流，從中養成領導與被領導的能力，都是全人教育中不可或缺的一環。

書呆型的孩子，缺乏學習動機，不知人生方向

美國大學彈性較大，可以容許學生暫停學業一段時間，去做自己想做的事情，然後再回來繼續學業。在台灣比較少見這樣的風氣。

這樣的作法有什麼好處？以生物統計系為例，學生剛畢業就選擇來念生物統計比較辛苦，一來對這個領域認知有限，二來缺乏自我動機，很難將研究做得好。

就我個人當時所見，申請到霍普金斯念生物統計，並且表現相當不錯的學生，其中一位曾在高中當了兩、三年老師，還有一位曾去非洲教當地孩子數學，察覺當地醫療貧乏及民眾對公衛觀念的欠缺，進而產生投入醫療照護相關領域的想法。

他本來想走衛生政策，後來轉到生物統計就讀。

這些經過不同人生歷練的學生，再回到校園念書，心智上明顯較為成熟，而且有念書動機，並且知道自己將來的方向，所以在求學及未來的表現上更為突出。

從這個角度來看，大兒子兆綱大學畢業去金融業工作三年，他離開的原因不是因為工作不好，而是更清楚自己興趣所在，這就是一種自我學習與成長。

鼓勵學生發展興趣，積極參與社團

陽明大學的學生中，來自醫生世家的比例很高，甚至有些學生的雙親都是醫生，這些父母可能也希望孩子克紹箕裘。這些學生或許出於興趣，或遵照大人期望，進了醫學院。但我知道很多學生對音樂、戲劇、藝術領域也充滿興趣。

我不敢鼓勵他們休學一年去學跳舞或學戲劇，生怕他們就此轉行造成家長不諒解。但我們在每個月校級演講時，曾請來羅大佑與侯文詠先生，他們皆是醫科出身，卻在音樂及寫作上發展出另外一片天地，藉由現身說法帶給學生啟發，不忘「興趣」對人生的重要。

剛到陽明時，我常常寫信給學生，也鼓勵學生在學習或生活上出現任何問題或意見，可以寫信給我，讓我知道。學校學生四千多人，想一一記住大家的名字是不可能的，後來我發現用臉書寫信給大家的效果很好，我也跟許多同學互相加為朋友，不時看學生Po出的圖文，了解他們的想法與生活，以此慢慢記住大家的名字。

當時，我住在校長宿舍，真的是以校為家，晚上無事，就到活動中心看學生活動，哪個社團在練習，表演廳又是哪個社團在成果發表，都很清楚。

記得我到陽明第一個學期，有吉他社成果發表會，開演前的表演廳，學生前前後後正忙著做最後準備，我從表演廳後門走了進去，經過學生旁邊，沒料到校長來到的學生們，露出不期而遇的驚喜表情，那個眼神讓我永遠忘不了。

合唱團練唱時，我也坐在一旁聽他們唱歌。直到現在，他們有演出我也盡量前去捧場。我想，校長的出現，就是對他們最好的關心與鼓勵。

陽明大學社團大約四、五十個。以前放著社團自行活動，在我來之後，由於我隨時會出現盯場，等於給了學務處增添一絲壓力，讓行政同仁不時繃緊神經。

校長與學生站在同一陣線，共同解決問題

學校原本經營著遠流書局的一幢建築物，在書局經營困難下，變成了咖啡廳，最後，又決定拆掉改建成醫學院大樓。原本書局那邊的一個鏡面教室，是三個舞蹈社團：民族舞，國標舞及熱舞社平常與周末的練習處所。

在拆遷消息傳出後，三個社團的社長，都是女同學，相約報名參加「與校長有約」，來表達她們的關切。她們自我介紹時，極其溫和與低調，然而，我感到小心翼翼的言行舉止後面，是深怕得罪學校，讓我們不高興。

待自我介紹完後，我與三人談了一個多小時，在表達需求的目的中，她們以「校

方」稱呼我們，而「校方」這個詞讓我不太舒服，似乎將我們區分為「師長」與「學生」上下兩個陣營。我跟三位社長表示，不要「你們」、「我們」的，現在的問題是我們大家的問題，我們一起來解決。

醫學院學生對「父權」二字極為敏感，在醫學教育歷史上，女性出現的時間也晚，處在長期以男性為主導的世界裡，多少出現差別待遇的不平。

我也不喜歡「父權」，但當學生指稱我們為「校方」時，被畫上等號的感覺很不對勁，我之所以願意花時間解決學生的問題，就是告訴大家不要分彼此。有問題，不是你們也不是我們，是大家的問題，解決方式也不是我來告訴大家怎麼做，而是一起討論來想方設法，我們是站在一起、而非對立的，我認為，這也是一種對學生成長的教育。

後來，三位社長提出願意在某一棟建築物下的騎樓，做為以後的練習場所。我一聽就覺得不妥，那地方偏冷又是騎樓，遇到颱風下雨時該怎麼辦？

「與校長有約」舉行的時間都在禮拜五，等到周一上班時，我找來學務長與總務長，我們在學校找了五個地方，其中，我覺得位於大禮堂二樓座位後方一個空曠的長方形場地最為適合。學務長也不厭其煩帶著三位社長一一勘查場地，最後大家皆同意禮堂二樓最好，事情也就順利解決了。

原本三位社長們很擔心怎麼跟校長講這種事情，而我當然不會這樣想，學生只要提出問題來，就表示他們關心，既然關心，我們就一起討論。

大家一起解決問題，過程中相互尊重，將來有一天，當這些學生當上主管，我也希望他們能抱著平等正面的心態，與同事一起討論解決問題。

社團活動豐富學生的人生經驗，培養團體合作的能力

陽明當時的學務長姜安娜老師，是一位非常熱心且耐心處理學生事務的行政主管，她可以在陽明當學務長達九年，可見對學生關懷的真誠。

安娜老師在陽明大學累積出豐厚的全人教育經驗，去年（二〇二三年），我請她到逢甲大學做分享，她說陽明校友蘇世揚，現為台南市立醫院急診室主任，由於在醫院急診室看到太多與生命拔河的動人故事，心有所感，他為每一個故事都寫了一首歌，還組了一個「玫瑰墓」的樂團。

「玫瑰墓」樂團由醫師、教職、社工等熱愛音樂的同好組成，已經在超過七十所高中作巡迴演出，在各國中、高中和大學進行了二百場演講分享，有至少八位年輕人聽完後前來向他表示，原本自己已準備結束生命，但聽了他的演講及音樂，決定再給

自己活下去的機會。

如此優質的樂團，申請經費卻處處碰壁，於是我寫了一封信給教育部潘文忠部長，很快的獲得正面的回應，如今教育部生命教育中心已主動邀請他們到各校演出，嘉惠年輕學子。

陽明大學具知名度的社團「十字軍社」，當初由周碧瑟教授號召，帶領陽明學子自願且自費下鄉，多年來走過台灣每一處偏鄉，投入公共衛生訪查，衛教工作也慢慢開花，讓學生了解預防醫學的重要，看到醫院診間之外最真實的人生，也從中學習到人文關懷與服務的精神。

這些是課堂之內無法想像的知識，也是課室外豐富的學習。在美國時，有一位朋友，脫不掉傳統觀念，對女兒的叛逆常產生親子衝突。女兒的成績其實非常好，可是申請一流的長春藤大學都上不了，連馬里蘭州立大學也勉強收她。為什麼？因為父母只要她念書就好。但美國大學收學生不只看成績，還要看你參加過哪些的課外活動。二者俱全才能產生加成，傳統的好好念書是不夠的。

興趣能跨越文化、種族和年齡，拉近人與人的距離

興趣指引了我的人生，它對我的影響不止如此。

作博士論文時，生活日夜顛倒，晚上常常弄到深更半夜，早上匆匆起床喝杯牛奶又去學校辦公室。為了領獎學金，當時還要當助教賺錢。即使如此，我還是樂意參加同學組成的足球隊，七人制，男女混合賽制，每次上場，還規定場上一定要有三位女同學。

興趣之故，讓我在沉重的論文生活中，多了一些歡快的時光。

還有剛到約翰霍普金斯時，我是系上唯一的亞洲人，作為唯一的亞裔，壓力其實不小。美國社會有其現實的一面，崇尚英雄主義，看重個人表現。雖然如此，我對周遭觀察也算敏感，我了解在這種氛圍下，做人不要太木訥，而且EQ要夠，要讓大家感覺你也是系裡的一分子。

所以我跟大家談運動，運動話題可以讓自己快速融入社會，並與他人交流，重點是，這並非刻意，而是我自己也喜歡。因為自己喜歡，就容易跟別人開啟對話。

因為工作忙，永銚負起了大部分照顧孩子的責任，但孩子參加足球及棒球社團，則由我陪著他們。永銚對運動沒有興趣，尤其是美式足球，可能到現在連規則都搞不

清楚。我跟著兩個孩子一起去踢、去玩，就算再忙，也要陪伴孩子、建立親子互動的機會。

孩子長大後，我突然發現，他們也喜歡美式足球，讓父子間有了共同話題，我們不但一起去球場看比賽，或在家裡看電視轉播，邊看邊評論，共同興趣拉近我們的距離，即使現在分隔美台兩地，感情也不致於疏離。

社團活動不僅滿足學生發展自我興趣，在參與活動中學習與人合作、交流，從中養成領導與被領導的能力，都是全人教育中不可或缺的一環。

第三章

學生為「上」

——重視學生身心靈的全人發展

8

開啟「與校長有約」

二〇一〇年八月我在陽明上任時，當時位在山坡地上的校長宿舍，已經十幾年沒人進住了。

學校總務處同仁陪著我和永銚一同來查看屋況時，只見地板因潮濕翹了起來，生鏽的鐵窗看起來像監牢一般，但客廳很寬暢，後面還接連著一塊空間。

總務處好心詢問我們要不要把後面的空間整修為和室？我估量一下，這空間可以容納二、三十人，於是回說：「不用，只要基本整修」，我打算利用客廳及後面的空間來辦「與校長有約」……。

校長宿舍裡的世代交流，建立起傾聽與溝通的管道

初來陽明大學時，學務長姜安娜老師跟我談起推動導師制度，我感受到她對導師

制度的重視，讓我想起自己大學時受到徐道寧導師的關心與幫助。身為學校的大家長，也覺得自己可以扮演導師的角色，只是以不同的形式參與。

導師制度在推動上，仍需要費時奔走與系所老師溝通，於是，在極力支持學務長的同時，我率先跳下來做「與校長有約」，以另一種方式關心學生。

全人教育的組成包含好幾個構件（components），除了通識、基礎、語言課等知識學習外，還需要建構柔性的支撐，如導師制度、心理諮商等，提點學生於精神、生活上的迷津，並適時給予協助及關心。

「與校長有約」舉行時間定在開學期間每個月最後一個星期五的晚上，歡迎學生們前來跟我們一起用餐、聊天，或提出對學校需要改進的建言，於輕鬆間一起討論、交換意見，每次都有二、三十位同學參加。

「與校長有約」的進行方式，通常先從大家自我介紹開始，盡量讓每一位同學都有開口發言的機會，達到互相認識、消弭內心不安。

在「與校長有約」上，大家可以無話不聊，我和永銚也常和同學一聊就到晚上十一點、甚至半夜，同學未來想出國，對深造問題有好奇與疑問，我也以過來人提供經驗，並且鼓勵大家走出去看看。

不少學生在「與校長有約」上分享，他們從小學到高中，學校的校長總是距離自己遙遠，沒想到現在可以跟校長面對面的互相交談、溝通。記得在第二次「與校長有約」上，一位必須先離席的醫學系女同學說：「我現在重新拾回對陽明的希望。」

陽明學生聰明、點子多，當然也有同學藉此機會上門來「踢館」的。記得有幾位醫學系同學在當時組織了一個叫「有意思」的社團，團名帶著「有意識」的雙關含意，那一次，也是我與學生對談最花心思的一次，因為必須非常專心聽他們的訴求。

他們關心學校清潔阿姨的工作量及福利，言下之意，似乎對學校有些不滿，但這個出發點其實對學校是很好的提醒。一般說來，「與校長有約」我都不會請老師們來，但是那一次，學務長特別派了一位學務處的廖老師前來記錄，看看學生的訴求該如何處理。

聽完學生表達完畢後，廖老師向一位醫學系三年級女同學建議：「其實你們也可以自發做點事情來幫阿姨的忙，例如洗完澡後，主動把排水孔的頭髮撿拾乾淨，這樣就可以減輕阿姨的工作負擔。」

「那你要告訴我，讓我知道。」女同學答道。她的回答當場給我很大的衝擊，語意的背後可以想見，這些孩子在成長過程中沒有養成幫忙家事的習慣與觀念，而學生的家長，也只要求孩子把書讀好，其餘的事情既不用管、也不必做。以至於這些聰明善良的學生，不太懂得做人的道理，這些聽似自以為是、缺乏同理心的話語，也顯現世界都是繞著自己走的。

不過，陽明學生如此聰明，也知道學校不見得百分百做得到他們的期望，甚至出現過有兩位同學的想法是完全背道而馳的，但他們需要的是傾聽，而我們仔細聆聽，就是同學們的期待。

在我任期的七年多時間裡，「與校長有約」前後共舉行了五十餘次，還不包含分開舉辦和外籍生每學期一次的「與校長有約」。如果「與校長有約」只舉行幾次就停止，那麼大家一定覺得我只是敷衍了事。

我認為，校長應跟學生拉近距離，自己也希望多聽同學們的想法，這對當時年近六十的我，能與年輕學子接觸，不但讓自己保有年輕的心，也在不斷交流下，慢慢消弭世代鴻溝。

很多人認為，學生進入大學多已成年了，好像除了知識外，不需要師長其他的教導。事實證明，同學們對人生既有想望、也有許多迷惘，都需要我們在一旁適時提點及主動關懷。韓愈不是早就說了：「師者所以傳道，授業，解惑也。」

以身作則，用人性溫暖啟動學生的同理心

除了定時舉辦「與校長有約」，剛到學校時我也習慣寫信給學生。

初來乍到，我發現自己的中文打字既生疏又緩慢，一開始皆以手寫方式來寫信，後來，不想多給秘書添麻煩，自己摸索敲鍵盤，慢慢地也逐漸順利上手了。

原本信件發至學校專有信箱，經學務長提醒，學生通常不常使用學校信箱，爾後我將信件同時發在自己的臉書上，不知不覺間，我跟學生互加臉友成為日常，至今多達三千多人。

當時，學生對學校提出最多的問題有兩項，一是宿舍不夠，另一個是新生不准在校園騎機車。

宿舍是長期以來每年反覆出現的問題，加總一千六百個床位，全校卻有四千多位同學，一直是僧多粥少的狀況。從每一年新生進來，到學期結束，在跟家長的座談會上，宿舍不夠總是一再被提出來。

跟同學討論後，我了解到大的系所分配到的床位比較多，醫學系高年級的實習課都在北榮，實習的高壓與辛苦，住宿舍有其必要，但也造成大一、大二生比較吃虧的現象。還有中南部北上就讀的女同學，家長對孩子在外面租屋有所擔憂，後來，我們

新建了兩棟宿舍，床位雖然依然不足，但問題已大幅緩解。

每年三、四月，舉行宿舍抽籤，若中南部上來的同學，第一次沒抽中，只有趕快去外面覓房租屋。第二次八月的抽籤，對他們來說沒有任何意義，因為萬一抽中，在外的租屋早已簽約付了訂金而無法退租。

看似機會均等的抽籤，其實並不公平，那時和學生會討論我們有了些共識，抽籤時不妨加權給中南部同學，讓他們多一點機會。

那一年的學生會長鍾曜任，非常負責認真，在我知道他們隔天要討論宿舍抽籤事宜時，深怕意見不合挑起衝突，特地寫臉書給大家，表示家住北部較遠的同學，的確上學也費時辛苦，但相對於中南部同學，他們無法每日通勤，為減少父母親的擔心，請同學站在情與理上去考量抽籤方式。

學生的食衣住行，用心規劃解決問題

原本以為將耗時費力的討論，後來聽鍾會長說，大家很快取得共識，都支持加權，給中南部學生多一點機會。我也為這樣的結果感到欣慰，同學在處理事務的過程中，願意站在他人立場為人設想，這也是一種不可缺少的教育。

學生騎機車則是一件棘手的事情，學校規定：大一新生不得在校園騎機車，讓學生出現反彈聲音。站在學生立場，中午下課，騎機車一下就到山腳，可以於短時間進餐休息，的確便利；但站在學校立場，山坡地騎機車出事率既高又危險，我就曾在雨天時，眼見學生騎車滑下山坡摔車的恐怖畫面，學生的安危是我們很重要的責任。

學生不願在學校用餐，一是餐廳不夠，選擇不多；二是校園內接駁車班次太少。因學校地處偏遠，導致餐廳難以存活，也讓學校不敢再進行招標，生怕沒有業者願意進駐。因此，我們花錢改善餐廳整體環境，讓其變得明亮、乾淨，吸引餐飲業者願意前來進駐。

針對接駁車不足的問題，我們委請市議員跟大都會公車洽談，希望他們可以將公車開進校園並增加班次，在大都會公車同意下，559號從捷運石牌站到陽明交大之間來回的公車班次正式啟動，間接減少了機車使用比例，最後達到大家都接受大一新生不得在校園騎摩托車的規定。

太陽花事件的啟發

學生有事就是學校有事，學生的問題就是學校的問題。

在我任內期間，爆發太陽花運動，許多大學生因反服貿而占領立法院，其中也包含了陽明的學生。

當時，我是三所大學校長進入立法院看學生的校長之一，也可能是第一位在學校與同學們舉行座談的校長。我願意聆聽學生對服貿的看法，彼此交換意見。

在當時對立嚴重的氛圍中想要化解衝突，必須先放下成見，我聽著學生的表達，並在互動中，也了解他們跟家長間的矛盾與對立，精神上也承受著壓力與痛苦。以至於以後一有機會，我會親身勸慰家長們，好好跟孩子們溝通，這並不是表示向他們示弱及低頭，而是傾聽他們的心聲，家長們可能不見得同意，但要理解孩子們。

太陽花結束次年的二二八紀念日，因陽明校園設有總統蔣公銅像，就在那一天，一位醫學系同學在銅像上面弄一個劊子手的裝置，表達其控訴之意，同時也貼了些海報，陳述當年有些醫師被殺害的故事。

當時，我人在桃園開會，學校打電話來，我聽後交代同仁冷處理，因為同學在下面具名，我認為必須有所尊重。後來林學務長也跟這位同學溝通，表明這是歷史事件，不需要以這種方式批判，勸他拿掉裝置，但可保留海報到連假結束，最後他接受了。

幾個禮拜後，我接到一個醫學系同學寫來的信，他及幾位同學想跟我見面談談校園多元化問題，主要還是那個銅像的廢存。我向來跟同學關係還算密切，同學對我也有一定程度的尊重，我表示樂意跟他們見面，也請主任秘書還有總務長一起來。

同學們委婉地表達希望把銅像移走，總務長表示學校有校園規劃委員會，想移走的話可以提出來，而後送校務會議，大家一起討論決定，如果討論最後大家都同意移走，學校沒有任何意見。

理性溝通，包容不同意見

我覺得這幾位同學頗為理智，站在關心的立場，我想讓對方感受到我們願意聆聽，並且也分享自己的一些看法。

我表示，因為學校名字取自王陽明，老蔣總統遵從王陽明知行合一的學說，這是為何陽明之所以為陽明大學的歷史淵源。甚且陽明的校訓「真知力行，仁心仁術」，也和王陽明的學說有關聯。而利用這個平台，可以讓大家更了解當年發生的事情。

前一年太陽花事件，許多同學間因看法不同而就此斷絕臉書好友的來往，這樣的結果很讓人遺憾。我也因此提醒大家，不要因人數眾多而讓不同看法的少數人感覺受到打壓，大家互相尊重還是很重要的。我覺得他們聽進去了，後來，我聽到他們跟一位老師說，他們尊重這個校園的多元化，包容不同意見，事情也就告一段落了。

學生關心國家社會是好事，我理解學生伸張正義的心情，但也希望學生了解，達到目的的方式不是只有一種，唯有藉著不斷交流與對話，讓學生了解、明白我們彼此之間或許有不同想法，但沒有對立，以理性、尊重的處理方式，一樣可以解決問題。

我是學校大家長，但不是父權角色代理人，所有事情都不是「反正我最大，我說了算」，而是從旁引導，給予建議，供同學們參考。

在來到陽明之前，我就確立了教育的宗旨，我的責任是為社會培養出正能量的人才，發揮所長，讓社會更健全更有活力。

無論推動導師制度、舉行「與校長有約」，我都是站在關心學生，以學生為「上」的支點上。當初陽明遴選校長時，我曾表明「學生為上」不是驕縱學生，而是做任何事情都以學生為考量。就以老師教書為例，並非彰顯自己多有學問，而是需站在學生立場考量設計，在質與量上拿捏是否能有效被學生吸收，否則丟一大堆知識，學生消化不了也是徒勞。

從關懷學生出發，培養視病猶親的醫界人才

有些大學校長重視研究，習慣把學生問題都交給學務處處理，但我抱不同看法。

在我到陽明幾個月，間接聽到有位同學在校內騎摩托車發生車禍受傷住院，便跟總教官說：「如果同學出任何問題，第一時間要讓我知道。」

我辦「與校長有約」，也時常寫信給學生，當學生出了問題，我要親自去看，讓他們覺得受到關心。家長把孩子交給你，有什麼事情你總在他們旁邊，就算做不到十全十美，他們也比較會以寬容的心來看待學校。

「與校長有約」歡迎學生多多參與，同時希望活潑的學生可以帶著內向的同學一起來，因為內向的孩子，更需要與人互動的機會與關懷。

關心學生為什麼這麼重要？我們的學生將來都是要面對病人的醫護人員，在大家冀望「視病猶親」的宗旨下，身為師長的我們若不關心學生，那又如何要求他們將來做到視病猶親？

許多學生畢業多年後，不時提到參加「與校長有約」的日子，大家聚在已有年歲的校長宿舍裡，一起吃飯、聊天、說心事，在辛苦打拚的人生中，不時散發歡快溫暖的感受。在傾聽之中，也讓我學習到不少事物。

教育就是這樣一點一點的建立，一點一滴的關心，不能總想著要立竿見影。

達到目的的方式不是只有一種，
唯有藉著不斷交流與溝通，
讓對方明白我們之間或許不同，但沒有對立，
理性、尊重的處理方式，一樣可以解決問題。

9

落實導師制度

剛到陽明時，我看學校訂出一些鼓勵優良教師的獎項，羅列出來不外是得過國科會傑出研究獎、教育部學術獎之類，幾乎都屬於研究領域類型。

我覺得大學使命應該放在培養人才，所以到任後，經由校務會議通過，我們多增加了兩項給獎：一是教學，二是教育。

教學與教育兩者不太一樣，教學獎從字面一看就明白，老師書教得好，可引發學生興趣，甚至往這條路上繼續探索前進；教育的話，則著重在整體制度或環境面上的考量設計，以醫學教育為例，當一位主管設計出一個好的學程，就可讓整個醫學教育更為完善。

很多事情的制定，都是當時認為對學生來說是重要的，再怎麼困難也要推動的制度，實施多年回頭檢視，也才看得清楚當時的堅持，是一種逐漸發展匯聚而成的教育脈絡，且一一指向全人教育。

姜學務長重視導師制度，我率先舉辦「與校長有約」，還有後來對學校心理諮商的檢討改善等，都是彼此互相聯結擴大而成的學生關懷網絡。現在來看，這些項目對於高等教育，不可或缺、也不能只是「有就好」。

導師：學生徬徨無助時的引路人

在授課之外，導師是更為柔性的存在，如何跟學生互動，了解他們的問題並且一起成長，是一種很有意義的挑戰。認真用心的導師，懂得與課程互相結合，達到教學相長；在學生面臨人生考驗的緊要關頭，擔起引路人的責任，成為度過難關的關鍵。

我一直難忘大學導師徐道寧老師，除了她將得到A型肝炎在家休養的我，帶回學校外，在我當兵快要退伍時，徐老師又給了我一次機會。

跟自己的大兒子兆綱比起來，我的確成熟彎晚，快要退伍了，仍對未來懵懵懂懂，也沒想過工作的問題。後來，在軍中突然接到母親打來的電話，說東吳大學數學系在找助教，問我願不願意去？

東吳為什麼找上我？這又跟徐老師有關。東吳數學系系主任鄧靜華教授，是台灣最早從國外留學回來的菁英之一，他是留法的，幾所大學數學系的成立都有他貢獻其中，是台灣數學領域的老前輩。東吳請他成立數學系，而他對清華畢業學生情有獨鍾，於是聯絡徐老師，詢問有沒有可以推薦的學生來當助教？

徐老師雖是我的導師，但為人公正，她去教務處查班上同學成績，名列前茅者多半出國去了，退而求其次查看七十幾分的學生有幾位？最後，打電話到我家裡去。我在軍中接到助教工作的機會，心想快退伍了，便答應下來。

我在東吳大學當了兩年助教，這兩年對我來說，算是一個人生的墊腳石，當助教也需要跟學生講課，所以在教書上，我花了一些心思，兩年下來的教學經驗，多少給了我赴美讀碩士時自願教大學生微積分的底氣。

再早些年，台灣的大學，助教是可以慢慢幹活而逐漸升任為講師的，後來出國風氣漸盛，歸國學人漸多，這個優勢便消失了，因此，鄧靜華老師總是鼓勵我們繼續出國深造。

我還發現自己在這兩年中逐漸沉潛，慢慢可以靜下來讀書。大學時我很佩服一位同學，他每次打完球回到宿舍，立馬可以開始念書，這對我來說，真是天方夜譚，運動完的燥熱，讓我無法立刻安定。但在東吳時，我發現自己身心慢慢靜定、逐漸成熟，會思考未來、主動念書，並決定出國後去念統計，接著，得到美國南卡羅萊納大學願意收我、還提供了獎學金。

雖說人生的路是自己選擇，但徐老師是路上一個重要的指點者，總是適時的出現提供幫助與機會。若沒有徐老師，我的人生不知道會走到哪一個方向去！

鼓勵老師投入教育熱忱擔任導師

在陽明推動導師制度，是有挑戰的。首先，擔任導師必須是志願不能強迫，我們以擔任導師可以抵一個教學學分來鼓勵擔任導師。其次，導師責任重大，必須花很多心思與時間在學生上，對學校來說重要，但對教書、研究已經夠忙碌的老師而言，除了折抵教學學分外，對個人升等沒有任何幫助，也無吸引人的理由。

其實，陽明是師生比最好的一所大學，學生四千多人，專任老師四百多位，對每位參與的導師分配負責不到十五位的學生，可說是最好的比例。

重點在於老師願不願來？又願不願意投入心思？一個主要關鍵是來自系主任的態度，他會影響到系上老師的意願。

光是在說動系所主任上，我們確實就遇到這樣的狀況。某一個系，系上老師全是男性，系主任認為導師執行上的困難，在於「導師」應該由女性擔任。這種把「導師」跟「女性」及「媽媽」角色連結在一起的觀念非常刻板，是完全失之公允的不正確想法。

但是姜學務長很有一套，她推動了「優良導師班級」，獲選為優良的班級，可得十萬獎金，協助推動系上業務。不過，這件事情，還是在校務主管會議上進行第二次推動才通過。第一次推動時，有些系的反應是：「不公平。」顯示出他們完全抱著競爭的觀念，其實我們的出發點是鼓勵，而非比賽。

在學務長鍥而不捨的努力溝通之下，終於獲得大家的支持。她努力想各種方式認真去推動，這個概念是對的。擔任導師雖然對升等沒有幫助，但可以讓老師們了解，來大學工作，不只是教書做研究，更是一個教育者，這也是社會責任的一部分。

導師的關懷，接住一個受傷的心靈

導師為什麼重要？除了個人有徐老師對我的影響，在陽明，我們也從學生的遭遇上一次次得到見證。

藥學系一位女同學，六歲時父母離異，媽媽在她高一時發生車禍往生。她後來跟著保母住在一起，和父親有很深的心結。

第一學期過了一半，我們突然接到通知，這位同學沒有回到學校來，後來得知她去高雄找阿姨，但不知為何，突然間開始不講話，而且出現眼睛直視現象。我們趕緊安排她回台北，並經由醫學系主任協助，準備讓她住進北榮病房。她回來了，卻不肯住進醫院，事實上當時她腦筋清楚，就是眼睛直視而且不說話。學務長、總教官、心理諮商老師及系主任誰來都束手無策，後來是把她的導師請來。

這位導師是一位年輕的女老師，顯然很能得到這位同學的信任，在勸慰下，她很快的願意住院。在住院那段期間，這位有愛心的導師每天中午都會帶著便當陪她吃飯，我也曾去探望過幾次，沒有多久，這位同學就恢復正常出院了。

用信任打破心牆，透過關心給予力量

現在，這位同學已畢業了，我們是臉書朋友，看她在臉書發的照片，笑得非常可愛，是那種發自內心真正的笑容。回想起來，很難想像，當時若沒有這位導師因為平日的用心，得到導生的信任，後果會是如何？

導師的重要就在這裡，對學生的關心，往往就在必要時刻發揮關鍵作用。在陽明七年多，因為常和同學接觸，遇到不少類似的例子，我也常以這些故事跟陽明導師分享，不要小看自己所做的事情，因為你永遠不知道自己在哪一天，就會對一個人產生對方人生上莫大的影響。

至於什麼叫「好導師」，我認為，當你的導生受挫，不論是課業或情感，只要他／她願意來找你，那你就成功了！

而陽明重視導師制度，不是只表現在口號上，陽明每一學期都舉辦導師工作坊，邀請外界專業人士來做經驗分享，我都會前去參與表示支持；在優良導師表揚上，我也親自參加並現場致詞。

校長對於導師制的認知與認同，必須清楚明白的表達，還需要各種配套措施，讓大家覺得這個制度值得繼續推廣下去。

恩師的教誨潛移默化，如涓涓細流不斷延續

我在陽明上任就職典禮時，就特地邀請徐道寧老師從新竹前來參加，由於之前徐老師摔了一跤必須坐輪椅，陽明的主任秘書，也是物理治療系的老師，特地派一輛車子並請系上一位老師陪同，接徐老師過來。

在就職典禮上，我感謝的人包括了雙胞胎哥哥賡仁、永銧，還有就是徐老師。我首先分享徐老師的故事，讓老師知道我對她的感恩，及對導師的重視。

徐老師的故事說完，陽明第一屆醫學系畢業的一位校友，同時也是校長遴選委員會委員，在結束後表示深受感動，她要捐出兩百萬獎助學金，一百萬給她以前的導師成立人文講座，一百萬以徐老師之名強調人文關懷的重要。

這筆捐款後來和學務處討論，擬出一個以人文關懷為主的計畫，鼓勵校內的師生申請。其中，物理治療系買書到台東去建構書屋，陪當地孩子閱讀，拉近城鄉距離就是一個例子。

我從陽明到國衛院卸任退休後，和永銧在台東都蘭購置了一塊農地農舍，不久之前一位前任學務長去台東訪友時順便拜訪我，大家聊起來，才知道當初參加此一計畫的同學們，畢業後，還是鍥而不捨地持續到台東關心書屋的經營。

徐老師九十五歲生日時，學生們幫她慶生，我也帶著這些成果冊子去給她看，讓她知道，當年對我的關懷就是這樣於潛移默化中，如同涓涓細流、永不止歇……。

不要小看自己所做的事情，你不知道自己有可能對一個人產生莫大的影響。

10 完善心理諮商系統

擔任陽明大學校長七年四個月後，因為國衛院前一任院長辭職，我提前離開陽明到國衛院接任院長職位。

就任沒多久，院裡發生有一位博士班學生把自己關起來，想要輕生。這位學生從南部北上到台灣大學念博士，並跟著國衛院某位老師做研究，也許是被交付的工作壓力太大，導致身心出了狀況。

國衛院不是學校，出事了，才發現院裡沒有心理諮商的服務。國衛院主秘趕緊去國內幾所療養院所尋找心理諮商，正好，某療養院院長是陽明大學博士班畢業，和主秘熟識，他很快派了一位心理諮商師來協助諮商。

根據學生當時的情況，我鼓勵這位同學暫時把研究工作放下。後來，我們也成為臉書朋友並一直保持聯絡，知道她回到老家休養，並從事不同的工作，整個人有所改觀，變得正面許多。

從預防角度為學生的心理健康把關

國衛院這個經驗，使我回想起到陽明來時，也曾花時間審視學校心理諮商的服務系統。

陽明心理諮商中心其實做得很不錯，有六、七位非臨床的心理諮商老師，他們花了心思在山坡地那邊打造了一個「山腰上的家」，布置得很溫馨，裡面也有廚房，非常歡迎同學到來。

每禮拜三晚上，「山腰上的家」固定播放電影邀請同學們前來觀看及討論。老師也設計了問卷，讓到來者填寫，問卷設計的目的，在了解學生群中是否存有身心高風險者，讓老師們注意並定時關心。

公衛系統出身的我，從預防角度看，他們的確做得很不錯，雖然大學部只有兩千多位學生，卻做了諸多把關，避免同學身心狀況持續下走。但這些心思依然面臨著很大挑戰，端看學生願不願意走進來。

不幸的事情還是發生了！一位女同學的輕生，讓我更深入檢視學校的心理諮商工作，務必將其做得更好。

一個優秀女學生的離開

她是醫學系四年級學生，與我也是臉書朋友，對自己要求很高，同時進行很多事情，包括做研究，但在研究上不盡理想。也許是求好心切，對於挫折不太能夠釋懷，給了自己很大的壓力。

因為如此，後來我跟醫學系老師交代，這些求學較順遂的學生，多來自頂尖高中的佼佼者，收學生時別忘提醒他們，研究沒有一定是做得出來的，要能夠接受並且學習失敗。

時值十月初秋，新學期才開始一個月。這位女同學在七、八月的暑假期間裡，還到美國哈佛大學做了短期研究。當時，我正好和永銑回美國探望家人，她特別寄了電郵來問候，並表示，她在哈佛時用到我之前的一篇論文，想多了解一下。

回台後，我們見面談了一下，我知道她無法掌握這個研究，因為她沒有這樣的專業背景訓練，但她仍然想了解裡面的原理，我盡量講解，並對她如此好學的態度留下深刻的印象。

醫學系十月初一個PBL的課程，那天她還負責主持，大家討論完後，她帶著筆電離開教室，但第二天就斷聯了。當時，沒有任何一個人、包括老師在內，察覺出她有任何異樣。

當時的系主任王署君教授，讓我知道女同學聯絡不到，我送訊息給她，表示心裡有什麼事，可以來找我把話說出來，結果顯示未讀。第二天，我每隔一小時查看Messenger，發現她完全沒打開，不，應該說其實是根本收不到了。

隔天傍晚，系主任向我報告說人找到了。怎麼找到的？用她的悠遊卡去追蹤，追蹤到她乘車到了碧潭，在那裡結束了她短短的一生……。

毫無預警的噩耗為師生帶來巨大衝擊

八月時，我們還有互動，怎麼一下人就沒了！學生的驟然離去對我衝擊太大，對她班上的同學更是莫大的打擊。

事情發生太突然，當時人正在西安交大開會的心理諮商主任，立刻派一個PTSD（Post Traumatic Stress Disorder，創傷後壓力症候群）的專家和醫學系同班學生開講五十分鐘。

不過，系主任立即反應講的時間太長了，其實頂多講三十分鐘就好。我聽他敘述，班上一百二十幾個學生，到了九十多位，毫無預警的同學們顯得很茫然，這位專家講不到一半，過半同學都走掉了。我沒有這方面的專業，但直覺是應該讓同學內心深處的困惑與心情抒發出來。

而開講沒有達到效果，心理諮商主任回來後非常自責，她一回來，就提供跟同學一對一預約談話，卻沒有人前來。當時，心理諮商主任也同時在寫博士論文，我從字裡行間看出她自我承受巨大壓力，也處在身心俱疲中。我勸她先休息一陣子，然後跟王署君主任表示，我願意跟同學們見面，請他安排。

見面那天，來了五十幾位同學，我坦言沒有心理諮商專業，只是來關心大家。但我準備了七、八張PPT，希望大家接受這種方式，我看到有人點點頭。

在這之前，我思考自己該如何面對這件事？該如何讓同學們接受一位同學再也回不來的事實？

回想起幾年前，赴美國參加華盛頓大學博士論文指導教授 Norman Breslow 的追思會，他是生物統計界的泰斗，一位很嚴肅、學生都有點怕他的猶太人。在系上舉辦的追思會上，我聽了好多他的同事、朋友、學生及家人訴說他生前的種種，有笑、有淚，也對他有了更多的了解。

追思完畢我前去見師母，之前我們見過一、兩次面，我向她表示難過之意，她卻笑著說，「謝謝你那麼老遠從台灣飛過來」，並說「Norm 很欣賞你，一直稱讚你是位很不錯的學生」。

我看著追思節目表標題寫著「Celebration of Norm's Life」，頓時領悟美國人跟我們真的很不一樣，他們以「Celebrate」的方式，來呈現老師帶給我們什麼樣的人生珍寶。

追思逝去的年輕生命，珍惜曾經的美好回憶

回程的飛機上，我思緒不斷、腦袋止不住地想，於是到家後，也立刻寫了一篇追憶恩師的文章，並貼在臉書上。

我決定以這篇文章最後與師母對話的一段來跟同學分享，也許用「Celebrate」對我們來說不太習慣，所以我又改以「Cherish her life」來懷念她跟我們相處的時光。

我先說起了我對她與我短短互動的感受：其一，她跟我討論時專注的眼神，讓我印象特別的深刻。其二，在美國時收到她寄來的電郵，裡面提到「校長這幾天在美國要好好跟家人享天倫之樂……」，很親切很感人的態度。其三，到了我這個年紀時，還有陽明年輕人對我的研究感興趣，讓我有一種忘年之交的感受。

最後我說，我相信大家都很想知道她為什麼離去？作為學校的大家長，可能沒有人比我更想知道，但在這時刻，讓她家人靜下來去接受這件事情，比追根究底更重

要。

我講完後，現場一片安靜，其實我也不知道這種方式會產生什麼反應。但是幾秒鐘之後，同學們一個接著一個站了起來，他們開始講述她以前的事情，那些有趣的、值得一提的、聽了讓人發出會心微笑的故事，慢慢從同學口中說出來，在種種記憶片段中，我們珍惜她曾存在的日子，及她帶給大家美好的回憶。

同學一個一個講完後，還有幾位同學事後送了Messenger給我，詳細寫著當初彼此相識的情景，不久之後，班代還來參加「與校長有約」，並送上一張小卡片，謝謝我和大家一起走過在茫然時刻的一段路。

但大家不知道的是，這場見面結束後，我一回到辦公室，整個人便癱軟下來。我沒有經歷過這種事，在與同學們見面的過程中，我其實一直處在高壓狀態，我跟大家也都一樣，一開始也不知道如何面對，因為這個衝擊對我來說，一樣是非常巨大的。

在輕生事件之下，我總覺得存在一些問題，於是把學務長、醫學系主任、心理諮商主任、總教官都請來，大家一起來了解問題，為什麼有一位同寢室的同學一直知道她的狀況，還押著她去心理諮商治療過，而我們卻沒有「接住她」？有什麼是我們需要改變的地方？

重新檢視心理諮商需求，建立校園關懷網絡

我發現，學生來心理諮商所填的問卷條件設定太高了。有些人可能已出現憂鬱的困擾，例如情緒低落、沒胃口、晚上睡不著……。

然而，心理諮商中心首先沒有太多臨床這方面的經驗；其次，同學來諮商時可能也不希望他人知道，包括導師。這真是一個兩難，如果一開始讓大家知道的話，有些同學是不會來的，但都沒人知道，那又如何協助他？。

到底要到什麼程度？到達什麼點，才能把一個關懷網絡建立起來？

也許我們在臨床的判斷還不夠，此外，參與關心同學，也必須得到本人同意。但隱私與救命究竟孰輕孰重？我並不希望做到大張旗鼓，但這些同學需要身邊有人注意和關心，並持續觀察他們的狀況，而且要讓學校知道。

在如何做到臨床方面的判斷上，我們有必要建立起一個稍微開放的網絡，以判斷在何時及身心到達怎麼樣的極限，就必須將學生轉介做臨床治療。

在預防上，陽明的心理諮商的確做了很多事情，他們已經守住很多同學，讓他們的身心不至於繼續往下走。但生與死，是0與1之間的趨向，所以我做了一件事，我請當時北榮精神科的蘇東平副院長代理中心主任，請他幫我們做三件事情：

1. 檢視問卷的設計臨界點（threshold）是否太高？

2. 是否心理諮商主任應由精神科醫師來擔任？

3. 有些同學不希望送北榮治療，生怕遇到學長姐等認識的人，那麼，我們還有沒有附近其他醫院可做就醫選擇？

經過半年的審視，蘇副院長覺得問卷可以改，並推薦了北榮精神科白雅美醫師。我請白醫師來陽明當專任老師，由她負責醫學系精神科的學務，並且接任心理諮商中心主任。

再來，我覺得心理諮商的對象，不只限於學生，還應該包含老師及行政同仁。學校老師也有諸多壓力，也有親子關係及升等壓力上的問題，他們也需要心理諮詢的協助。

導師與心理諮商配合，提高治療的成功率

前面說到，導師、「與校長有約」及心理諮商，三者必須互相結合運作，才能建立一個學生關懷系統，包含預防及治療機制。不要小看這些制度的設立，它們往往在緊要關頭適時發揮作用。

之前就有一位學生，本身有亞斯伯格症，但家長將其隱匿，同學只覺得他比較缺乏同理心。在一次搭乘接駁車上，他把一位女生推下車去，然後被同班同學抓進附近派出所。

得知消息後，我立刻跟系裡和心理諮商中心反應，應該提供同學機會教育，讓他們知道他的症狀，了解什麼是亞斯伯格，才不會以異樣眼光來看待他。

但那時我們沒有處理得很完善，以至於他後來持續出現偷窺的情況。我跟那幾位女同學道歉，表示應該將廁所弄得再完善以防止被偷窺。女同學知道他的情況後並不準備告他，但後來他要到醫院實習，因為不能透露私人的個資，成了一個棘手的問題，這裡面的利弊讓人擔心。

這時，他的導師做了一個很好的判斷，他以私人的身分，讓實習生的主任知道這個事情。站在預防角度，讓相關者預先了解他的情形，我覺得這樣做是對的。

導師與心理諮商配合，是建立關懷網的關鍵。在心理諮商之始，學生先與老師建立互信、了解關係，在後面的心理諮商過程，適時讓導師進入也是重點。至於什麼時候必須接受臨床治療？是否讓同寢室的同學知道？多了導師的協助，在藥物治療與心理支持下，學生可得到更好的照顧。

後來，我們在國衛院也安排了一個心理諮商的服務，因院裡人數沒那麼多，就是一個打理得明亮溫暖的房間，進門的地方設有等待空間，但離開時從另一個門出去，讓彼此不至於打照面。這些小小的設計，都是為了讓有需求的人願意前來求助。

即使到現在，我去別的學校做評鑑，包括研究所在內，都會特別詢問學校裡導師及心理諮商這一塊，目的就是讓學校多建立對學生的關心。但關心是一回事，怎麼去做才是重點。我願意不厭其煩地分享我的經驗，因為我覺得這些非常重要。

導師、「與校長有約」及心理諮商，三者必須互相結合運作，才能建立一個學生關懷系統，包含預防及治療機制。

11 爭取並給予學生成長及磨練的機會

我到陽明大學來，主要是為了全心投入「教育」，而教育的主要目的，是為國家社會培養人才。

而學校的工作之一，就是提供師生們好的環境，還有好的機會，因為學生需要各種機會讓他們去磨練及成長。

以前的醫學系需要讀七年，最後的一年，學生需要去北榮、中榮及高榮實習。嚴格說來，這種方式有些不合法，因實習醫生沒有醫師證照。後來修了法，將醫學院改為六年，待學生考完證照後，再到醫院去實習及做住院醫師。

陽明大學的做法頗有彈性，在修改之前，允許醫學院學生在第五、六年到不同醫院去磨練，包括去國外。

據我了解，當時這種做法因為和別所醫大方式不同，受到了質疑。但學生願意去不同地方磨練，甚至到國外醫學院做短期見習（clerkship），應該值得鼓勵。

我從霍普金斯工作學到經驗，將學生送出去磨練，或從外界招攬新血進入，保持人員流動如同活水一般，都會帶給個人及周遭環境更加健康的活力。

為學生爭取霍普金斯醫學院見習機會

我在華盛頓大學取得博士學位，然後在霍普金斯工作二十八年，多年來累積了一些人脈，運用人脈連結，讓我跟兩所學校保持著聯絡，同時我還親自去拜訪學校校長或院長，努力幫學生爭取到國外見習的機會。

在霍普金斯，生物統計系屬於公共衛生學院，我曾參與醫學院教授進行精神疾病研究的計畫，但對醫學教育並沒有什麼接觸。我跟當時的公衛學院院長Mike Klag很熟，而他之前是醫學院臨床的副院長，承他幫忙，為我引薦了醫學院負責教學的副院長，他負責醫學系見習生等教學業務。

霍普金斯醫學院沒有大學部，我詢問副院長是否可以給我們兩個在醫院見習的名額？能不能得到其實我沒有把握，因霍普金斯醫學院及醫院全世界有名，全世界包括美國人，多不勝數的優秀學生都想爭取機會進入，但名額非常有限。

我仗著與霍普金斯的關係，加上公衛學院院長幫忙，於是副院長答應先給我們兩個名額，做為期兩個月的見習。

我們挑選兩位非常優秀的學生，於三月至五月去到霍普金斯。剛好，那時我也組了一個團隊，包括北榮院長同時是陽明副校長林芳郁、醫學院邱文祥院長及醫學系王署君主任，到美國霍普金斯、杜克、克里夫蘭等幾所醫學相關大學或醫院參觀。

當我們來到霍普金斯，與兩位學生碰面時，他們都說大開眼界、學到很多。聽到這，我又大膽跟副院長要求：「那明年多給我們兩個名額如何？」但副院長沒有同意。我想想，他沒答應是對的，因為他們以前並不認識陽明大學，多虧了公衛院長來過台灣，知道陽明大學也是很不錯的學校，更何況他還不知道這兩位同學的表現如何。

但我並不放棄，兩個學生見習回來，我要求他們各寫一份報告發表感想，兩位同學以英文撰寫，而且寫得非常好。我將報告寄給霍普金斯醫學院的副院長，結果隔年見習名額真的增為四名，他們願意每年給我們四個名額，真是一件非常不容易做到的事情。

鼓勵學生前往美國一流大學接受挑戰

由於我在華盛頓大學取得生物統計博士，回台灣之後也擔任過華大在台校友會四年的會長，所以也去跟華大聯絡爭取名額，華大大方地給了我們兩個名額。

算起來，加上之前原有的見習名額：杜克大學的三個名額、加州大學聖地牙哥分校（UCSD）五個名額、還有MD Anderson合起來的十幾個名額，後來都成為每屆一百多名學生的搶手貨。沒有被選上的學生，我們也鼓勵可以自行去國外尋找見習機會。

在為學生爭取見習機會上，我很高興動用到自己長久以來建立的人脈，動用人脈並不是一件壞事，尤其是運用在學生身上而非自己利益上，而這也是學校主動爭取並提供機會給同學磨練的一個例子。

我認為，醫學大學不僅是培養優秀醫護人員的地方，也是培養優秀研究人才的所在。擁有醫學背景的學生，因為多了臨床接觸，可從臨床上引發科學假說，也可從臨床上收集到流行病的研究樣本，在從事生物醫學研究上，比其他人占有優勢。

去美國一流大學臨床見習，屬於短期學習。長期方面，美國有所謂的MD-PhD program，意思為醫學系念兩年後先暫停，去讀一個博士，再回來繼續原本的修習學業，我們也想辦法提供這種機會，讓有興趣做研究的學生去挑戰。

記得那時我還在霍普金斯，學生知道我將要到陽明擔任校長，有幾個醫學系同學剛好在那裡做短期研究，就來找我談，他們想停下手邊課業，先去念一個PhD。

學生心裡有這種打算，但在申請時卻遭遇阻礙被拒絕，為什麼？原因出在學位。學生讀到陽明醫學系五年級尚未畢業，他們只有高中文憑。

聽了學生的困難，我去找公衛學院院長溝通，表示學生已經念到大五、而且很優秀，我們學校教務處可以開立一個證書（certificate），等同於學士學位，這個大門就這樣被打開了。

華盛頓大學那邊也是，我去跟華大醫學院談，讓我們的學生來念ＰｈＤ，末了還附一句：「霍普金斯那邊已經同意。」不知是不是競爭關係，華大立刻回應：「我們連 certificate 都不要，主要看他們的潛力（potential），夠好我們就收。」

美國高等教育彈性大，相較之下顯得我們有一點過於制式。正因為彈性大，我們更需積極主動爭取，否則他們是不會主動提供任何機會的。

而主動爭取，就是我們的工作，我也可以不做，但教育是我來到陽明的目的，我願意花精力去爭取，為的是提供學生更好的機會與環境，一旦機會出現，接下來，就靠學生自己去挑戰及努力了。

其實，打通這些關節還有一個最重要的關鍵，那就是「經費」。這些名校同意讓未畢業的學生來念ＰｈＤ，學生也得以安心念書的背後，陽明大學獎學金的支持是關鍵。

因此，我不得不感謝一位社會善心人士的資助，他，就是尹衍樑先生。

尹衍樑獎學金，讓優秀學子出國深造無後顧之憂

那時，北榮院長林芳郁、同時也是陽明大學副校長，我們每個月固定見一次面，互通有無、並交換意見，希冀能增進榮陽之間的關係。

有一次月聚，談到醫師科學家的議題，我指出，經費也同樣會是落實此一「夢想」的一個重要環節，林院長也認同。

很顯然的，林院長一直將之放在心上，不久之後，我接到他在國外的來電，表示在當地過春節時，遇到尹衍樑總裁，他提及此一想法，尹先生（我們都如此尊稱他）十分認同，當下即約好等兩位回國後，在學校的布查花園餐廳見面。

那真是一個令人難忘的餐敘，言談之間，深切感受到尹先生對榮陽團隊、高等教育人才培養的關懷，並在很短的時間裡，鼓勵陽明醫學生及北榮主治醫師出國長、短期進修的藍圖，清楚地浮現，這就是「榮陽卓越醫師人才培育計畫」的緣起。

十年共四億四千萬的獎助學金，除了支助學生長期學位，如碩士或博士，還有短期如見習及進修，都成了培養學生如虎添翼的「武器」，也成了我們可以幫學生打開

讀 MD-PhD 大門的最大關鍵。

出國經驗能開拓視野，幫助找到自我定位

過去，陽明的公費生，醫學系念完七年，大多二十四歲，再經過六年的分發服務，男生還要當兵兩年，年紀多已上看三十歲。

人到了三十歲，普遍只想趕快就業，進行下一個階段人生規劃，出國深造成了次要的夢想。當公費生制度一取消，學生若真的想做研究，我們就應該提供機會。培育人才的想法，也是尹先生願意支助的原因。

讓學生出國深造或見習為什麼重要？

很多時候不出去、不比較，視野便不會打開。我們有很多學生出去一趟，除了在眼界或臨床經驗上有所得外，聽說回來後都不再叫苦抱怨。原來，在國內一個星期看一篇論文（paper），出去發現人家一星期看五、六篇，而且看得比你還要深入，不時還能碰到大師在臨床上的指點，那種風範更是影響深遠。

有些學生，原本大學想念機械系，出國後發現醫學專業也可結合自己本身興趣，例如骨科，需要開發很多醫材，這些除了可自行研發外，也可跟醫學工程合作，讓人

生道路越走越寬。

我跟醫學系王署君系主任說，大部分的人沒有機會出去，那麼回來的人應該與大家做分享心得。見習的時間都是三月到五月，等九月開學時，出國的學生必須與其他同學分享經驗與心得。

尹先生贊助興建「守仁樓」，學校與社區同受惠

尹先生是山東人，個性直爽且不好名，我們知道若沒有用心去做，他隨時會把經費停掉。而他對我們的支持，不僅在獎學金上，還有學校進門新建的「守仁樓」。

我進陽明時，覺得每個學院應該有自己的大樓，讓同一學院的老師與同學之間有更多的互動。那時，陽明急速發展，有經費延攬人才，也增加了許多新的單位，散布在不同的大樓。後來，發現只有醫學院沒有自己的地方，剛好，有教育部撥款五年五百億的補助經費可以建立，尹先生又大方捐款一億元。

大樓建好後，我們請他來剪綵開幕，他不來；想說是否放上他的名字，他也拒絕了，這就是尹先生的個性與為人。

這一個進門的新大樓，我也請主管來建議命名，因為王陽明本名守仁，決定命名為

「守仁樓」，我覺得這個名字取得很好。此外，守仁樓位於陽明校園難得的平地上，因為沒有圍牆，正好可以跟附近社區做結合。

那時，原本校園裡有一所郵局，有一天聽說要撤掉了。可能是石牌路上還有一家，撤掉一所業績沒那麼好的、以精簡人事。

但從學校師生角度看，這所郵局存在對我們很重要，每學期的開始及結束，方便學生們打包郵寄書籍及物品，還有學校老師的薪資，也是直接匯到郵局去。若撤掉後，必須將物品搬到石牌路去處理，實在太不方便。當時，我甚至還在想，是否要跟學生一起來掛布條搶救。

原本守仁樓計畫引進一個便利商店，可是一直沒有成功，靈機一動，也許這個地方可以留給郵局，我們於是向郵局主管提出建議，守仁樓那裡寬敞又面對社區，也許對他們的業績會有幫助。

郵局主管接受了，郵局也留住了。現在有時回去陽明，負責業務的主任看到我都很高興，謝謝我們當時讓他們有更好的環境，我也感謝他們留下來給予陽明師生更多服務。

爾後，我聽說有其他醫學系很羨慕陽明，因為學校動用人脈為學生爭取機會，又有尹先生大方贊助獎學金，都讓學生們無後顧之憂地發揮潛能，因而創造多贏局面。

今年（二〇二四年）是尹先生獎學金贊助第十年，陽明準備出一本專刊感謝尹先生，並邀我寫一篇前言。我想，能成就贏面，除了是一連串天時、地利、人和外，最重要是大家本於無私的努力與成全……。

將學生送出去磨練，或從外界招攬新血進入，保持人員流動如同活水一般，都會帶給個人及周遭環境更加健康的活力。

12 大學自主——校長遴選

分享了自己為了「教育」來到陽明，以及如何跟學校老師一起為學生創造各種學習機會，這一篇我想談一談國立大學校長的遴選制度，並從自己參與遴選的經驗，來看這個制度的精神及需要改變之處。

二〇一八年，發生了台灣高等教育史上最大的風暴，就是台灣大學校長遴選的「卡管」事件，導致遴選出來的管中閔校長，延遲了一年後才正式上任，這件事反應出大學自主已經在詭譎的政治介入中搖搖欲墜。

當時，我也身為遴選委員之一。儘管在政府多方質疑與調查中，台大校務委員會及遴選委員會秉持著大學自主的原則，守住了當年一月五日遴選委員會所做推舉管中閔教授為台大校長的決定。

探討現行大學校長遴選制度的優劣

就自身經歷來說，我既當過陽明大學校長候選人，到陽明任職後，也陸陸續續擔任幾次國立大學校長遴選委員，共計清華大學兩次、台灣大學三次，及陽明與交通大學合併後首次的校長遴選，其中，清華第二次及台大第三次是召集人。

台灣國立大學校長的產生，沿襲的是美國大多數大學引用的遴選制度，即經由遴選委員會的產生與執行，從候選人中推薦出一位給學校並報備教育部。而遴選的真義，以己之見，就是遴選委員會以獨立自主、客觀無私的態度主動為校舉才，避免陷入競選思維之運作。

幾次參與下來，覺得當時陽明大學在遴選上比較特別，換言之，學校完全授權遴選委員去找校長，對遴選委員會有很高的信任度。

候選人也沒有「治校理念」座談的環節，全交由遴選委員跟師生座談並聽取意見，也因此，有意參選的學者不必擔心提早曝光，而失去其意願。此種遴選方式相當直接而單純，跟美國非常相似，真的就是一個「遴選」。

反觀我擔任別校遴選委員的經驗裡，在長達十個月的遴選過程中，會看到各系所院的推派運作，人際關係上錯綜複雜，顯得不是「遴選」，而是各方山頭的「競選」活動，忽略了大學校長之於一所大學，是必須具有對於教育理念及社會關懷的高度與廣度。

說到清華、台大、陽明交通這三個學校，遴選過程大致包含三階段，以清華為例，先由遴選委員會經由初步篩選後，和被提名人進行面談選出候選人，而後經過「治校理念」座談，由正、副教授對候選人行使「同意投票」，票數超過二分之一者，再由遴選委員從上階段選出的候選人中，推選出正式校長人選。

台灣大學的校長遴選制度與清大又有所不同，但在架構上大同小異。以投票來說，清華以副教授級以上為資格，候選人票數必須超過二分之一，台大則採校務委員投票，票數須過三分之一，才得為候選人。接著，遴選委員會和票數過三分之一的候選人面談，推選出正式校長人選。

儘管有些差異，但兩校都擁有票數「否決權」，光就這一點，我個人認為非常的不妥。首先，不管是清大的正、副教授，還是台大的校務委員，他們有多少人真正會去參加候選人的治校理念座談會？如果沒有參加的話，那又根據什麼投票？這疑問，也為校務委員會的成員組成是否有運作的傳言，留下許多想像的空間。

猶有甚者，有志之士，尤其是海外傑出的學者，可能因為和學校不熟，會因此望而卻步，更何況，這和遴選委員會獨立自主、為校舉才的理念是背道而馳的。

秉此，清華在當時的賀陳弘校長帶領下，花了近六年的時間修改校長遴選辦法，於民國一〇九年校務會議通過，其中很重要的一條就是取消「否決權」，改為投票結果「供遴選委員會參考」。

這是一個具關鍵性的修改，非常值得肯定。二〇二一年的校長遴選，清華選出高為元校長，他是前香港大學副校長，而非「自己人」出身。他可以跳脫校內不同學院、不同領域之間的競爭而出線，給清大帶來新的氣象，也由此看出賀陳校長及校務委員會在改變遴選方法上所做努力後的成果。

陽明交大首任校長遴選，因當時兩校未合併完成，尚未制定遴選制度，因此採教育部方式，由學校委員會制定，我的了解是，學校目前也正在制定新的校長遴選制度。而私立大學因為有董事會之故，有其另一套選擇方式。

校長遴選三大基本要素及關鍵

以過去經驗，我認為大學校長的遴選有三個基本要素，要做好其實不難。這三個要素是：遴選委員會的組成、遴選制度的制定及遴選過程的執行。

遴選的核心精神就是落實「海納百川」的理念，海納百川意在於多元擇選，現在有許多大學校長仍多由原本學校的老師裡挑選候選人，學校裡的系所院長固然也是好的人選，但校外也有優秀人才可供考慮。應該容納更多優秀的人才進來，才有可能把學校格局做大。而選出海外學者當校長，更有可能與國際接軌，增強學校的實力及信心。

但要做到此，避免校方行使「否決權」的介入是關鍵，否則只會造成優秀人才望而卻步，無法落實「海納百川」的理念，那絕對會是學校的損失。

在做法上，我認為有幾個關鍵點需要重視：

1. 遴選委員會的組成。根據大學法，遴選委員由校務委員會決定產生。如委員中間發生利益衝突或其他原因，可由校務委員決定去留。從遴選的角度來看，有兩點很重要，一是多元化，一是不預設立場。

多元化並主動積極推舉校外公正人士加入，可跳出同溫層、避開同質性高的缺點，也才有可能集思廣益。

以清華為例，上次推舉出的三位社會公正人士，一是知名電子產業企業家，一是資深媒體經營者，還有一位是中研院院士。三人皆與清華無多大的淵源，而前兩位還謙稱對大學運作也不是那麼了解，但這樣反而更能夠不預設立場，以比較客觀及不同的角度為校舉才。

不預設立場、願意聆聽不同聲音，而這些正是自己不曾想到或看到的面向，如此，才有可能做更周全的考量與決定，甚至和自己原先的想法不一樣。

2. 遴選制度的制定。根據大學法，遴選制度由遴選委員制定，而非校務委員。但由遴選委員會訂定遴選制度，其實也不見得恰當。

以這次台大校長遴選來說，選出的遴選委員雖然同質性較高但都很優秀，只是大家並沒有太多的遴選經驗，自行訂定制度不見得最為適當。我認為有些事情是相互的，由校務委員會制定也是一種尊重，但在制定及遴選過程中，最重要的，就是不要干預遴選委員會的獨立自主，而取消「否決權」是關鍵。

3. 遴選過程的執行。不論多好的制度，執行面同樣重要。如何讓全校師生對「遴選」的真義有正確的認知，避免演變成「競選」的運作何其重要，否則即使遴選結束，仍有可能造成校內一段時間的分裂，並在學生的成長過程中做出不良的示範。

我覺得一個關鍵是，避免校內師生行政同仁所組成的團體，直接和校長候選人接觸。校長遴選是學校大事，任何人表達關心都值得鼓勵，但我認為，這些團體或組織應該是跟遴選委員會座談，表達他們的看法與訴求，再經由遴選委員會和候選人面談時轉達。

以上所述看似小事，但處理不當，只會減低優秀學者考慮投入遴選的意願，影響的層面對整體學校及師生是很大的。

卡管案後擔任台大校長遴選召集人，堅持政治不可介入

前車之鑑不遠，使得這屆台大校長遴選時，陳維昭前校長婉拒再擔任遴選委員。可能也因我參與遴選的經驗較多，大家以不記名投票推舉我來擔任召集人。

想起三年前（二〇二一年）清華大學校長遴選，我也被選為召集人，致詞時我表示，大學自主的維護很重要，並提醒「教育部不要介入」。我講得如此直白，是期望遴選過程回歸到正軌，以客觀無私之心，積極的為校舉才。

如今看來，清大是做到了！遴選委員主動提名海內外學者，充分發揮遴選委員推舉（search）的功能；幾次投票前的討論，委員們也都能暢所欲言、分享己見；校內同學們的意見，經由遴委會學生代表積極表達及反映關切之議題；校內「治校理念」座談會投票結果，僅提供遴選委員會參考，沒有任何的介入。從制度及過程面，清華這次的遴選，可說是成功的。

被選為台大遴選委員會召集人時，我也跟大家互勉兩件事，一是經歷大學自主過程中，尤其是之前的清華遴選，我感謝教育部對法規的了解，並保持中立，讓我們走在正確的道路上；其二是過程中請大家不要「預設立場」，要擁有多元、海納百川的心胸，並放下自我，集思廣益、為校舉才，這才是我們的使命。

遴選過程中，我和兩位遴選委員、秘書處、人事處及法規處相關同仁組成了一個工作小組，我也不時寫信給遴選委員，讓大家知道任何事情，不論會議該怎麼進行、哪些又必須對外保密等，都是無須隱瞞的，也感謝大家對我的信任。事實上，清華大學校長遴選也有類似的安排，對遴選過程順利的進行有很大的助益。

台大遴選完畢後，其中一位委員向我表示肯定，因為很多委員並沒有太多的遴選經驗，而我在第一次致詞時，就很清楚定調遴選該如何進行，讓大家比較安心。

事實上，大家都看到過程中依然存在一些問題，仍不乏一些運作，有一位遴選委員就表示，某一位候選人找了五個人來跟他遊說云云。我覺得，應該趁此機會一起開個會做檢討，供校方參考，大家也欣然前來參加。

那年（二〇二二年）十一月三十日的檢討會議上，委員熱烈討論並提出具體建議，最後達成共識，這些意見也和以上所提的三個要素及關鍵雷同。

同年十二月二十四日，管校長邀請我以召集人的身分，在他任內最後一次主持的校務會議結束之後，和校務委員分享我們的建議，獲得很正面的回應。很期待台大以台灣高教龍頭的角色，帶頭修改校長遴選制度及文化，讓台灣國立大學校長的遴選走入正軌。

未來在校長遴選上，其實個人覺得也可仿效陽明，少掉「治校理念」環節，以師生跟遴選委員會座談方式來表達關切，以延緩候選人曝光的時間，增加他們投入的意願。不過，這種方式對某些人而言，看起來就像一個黑箱，因為大家不知道候選人是哪些人，也不知道他們高教的理念為何，對台灣高等教育文化來說，可能並不容易。

我對大學校長遴選期待是很高的，因為大學校長無論對一所大學，甚至是對社會來說，都是動見觀瞻、深具影響力的領導人物。

而如果遴選是國立大學產生新校長的主要機制，釐定一個完善的遴選制度、慎選遴選委員、客觀無私的為校舉才，這樣的重要性，實在是不言可喻了！

管中閔校長一案我們為什麼堅決不讓步？因為大學校長遴選，牽涉到大學最重要的一環：大學自主權。

第四章

美國留學與研究生涯

——勇於接受文化刺激、開拓眼界

13

遠赴重洋——在美留學五年時光

南卡羅來納大學碩士班兩年

我大學玩得兇，成績不太好，申請出國讀碩士時，美國南卡羅萊納大學數學系是當時唯一給了我獎學金的學校。一九七七年我隻身赴美留學，人生地不熟，語言及文化對我而言都是考驗。記得，搬進宿舍第二天，台灣來的學長好心帶我去麥當勞點餐，服務員問：「Here or to go?」我當場愣住，還好學長解圍，沒有繼續出糗。

那兩年裡，我感受到從台灣出來的同學們，在異鄉互相照顧的溫暖，難以忘懷。而當地的美國年長夫婦們，也常因為退休後只有夫妻二人住一起，因而很熱心擔任host family，邀請外國學生在感恩節及聖誕節到家中一起聚餐，那個歡樂的場面，都讓異鄉遊子的我，倍感溫馨。

在南卡羅萊納第二年時，認識了剛從台灣來就讀的永銑，她在一九七八年暑假到南卡念新聞研究所，我們兩人雖然個性很不一樣，但好像也有些磁場很接近，因為許多基本理念都是一致的。我和永銚於一九七八年耶誕節訂婚，一九七九年暑假回台灣結婚。

以上所提這些種種溫暖的元素慢慢在心裡發酵，促成了日後到約翰霍普金斯任教時，我和永銚都會邀請台灣及大陸到生統系念書的同學，在過節的時候來我們家聚餐，略解鄉愁。回國後，在當時的陽明大學擔任校長，也會邀請同學們到校長宿舍「與校長有約」，吃飯閒聊，順便了解他們關心的議題，希望能營造一個大家庭的氛圍。

時至今日，不論是霍普金斯或陽明，許多同學對當年的聚會仍津津樂道，對永銚和我，能和年輕人在一起，相互了解及學習，我們的心也跟著年輕起來了！

南卡羅萊納大學雖然不是頂尖大學，但系裡教授教學非常認真，幫我打下了很好的底子，我更沒有想到，人生即將出現的第一個轉捩點，便是從這裡開始……。

那時，系裡每學期都會固定請校外的學者來演講，我注意到最紅的一個議題是「存活分析」（survival analysis）。其背景是第二次世界大戰結束後，歐美人在生活形態有很大的改變，飲食普遍變得油膩又重鹹，加上抽菸欠缺運動等，導致出現癌症、心血管等疾病的發生及死亡率急速上升。

不少新的藥物研發應運而生，藥廠開始進行臨床試驗，以研究新的藥物是否能延長病患的壽命。問題是，藥廠都希望臨床試驗時間不要拖太長，最好能在三、五年之內完成試驗，以爭取獲得食藥署的批准上市。只是，試驗結束時，一定有些病患仍活著，有些因故（譬如搬家）必須退出。在這種情況下，傳統的統計方法並不適用，於是「存活分析」變成顯學，大家爭相投入。

又在存活分析的演講中，大家都會提到 Prof. Norman Breslow 的名字，他是近代生物統計領域的先趨者，也開啟了我對這個新領域的好奇，所以，後來我慕 Breslow 教授之名，去了華盛頓大學繼續攻讀生物統計博士。

從統計轉入生物統計，是我人生第一次的轉捩點。

西雅圖華盛頓大學博士班三年

出國求學後，不再像大學時期玩心這麼重了，勤奮讀書，申請到華大生物統計博士班的獎學金。但據說過程並不順利，因為生物統計需要和醫學及公衛領域的學者合作，英語能力很重要，然而，或許正因為之前有用英語教學的經歷，雖經周折，但終於如願。

華大所在的西雅圖，是一個非常乾淨又美麗的城市，天氣好的時候，遙望瑞尼爾山（Mt. Rainier），比日本的富士山還美。華大的校園堪稱全美第一，春季校內櫻花盛放，美不勝收，逾百年新、舊建築融合，毫無違和感，可想而知校方花了多少的心思。偌大的校園內完全看不到任何一輛汽車的蹤影，這不但是對行人的尊重，更是對大學裡特有氛圍和氣質的維護。而依著華盛頓湖面而立的浮橋，從幾個特定角度看去，充滿了自由想像的空間。

去華大之前，心中其實有點擔心，因為我高中時並不怎麼喜歡生物，上大學後，根本也沒有上過生物課，但生物統計這個領域又實在讓我感到興趣。在華大第一年，修了一門叫「流行病學」的課，基本上是了解疾病的原因。因為公共衛生首重「預防」，站在預防的觀念上，去避免疾病的發生，而我們就是要用流行病學的方法來找出危險因子。

在這一門課裡，必須使用一些統計方法，統計則需要運用數學，必須導一些公式，因此，對科學家而言，生物統計乃至於數學是重要的工具。也因為這一個轉捩點，我更確定了自己將來的方向。

當時，博士班上有很多人都在作「存活分析」方面的論文，我就偏不想跟隨潮流。不過，雖然如此，但心裡知道存活分析還是很重要，所以，我還是在最後一年緊鑼密鼓作博士論文的時候，修了這門課，並且把每篇文章都看過，然後自己居然研究出一個結果來。

記得，在次日的一堂課之後，我把結果拿給教這門課的老師 Dr. John Crowley。Crowley 看完後一句話不說，然後帶著我回他的辦公室。我站在辦公室門外，看著他在裡面打電話，然後走出來跟我說：「這個結果剛好已經有人做出來了，是兩個哈佛生統系的正教授。」

這如同澆冷水一樣，一般人可能感覺非常失望，可是我從正面來看，那豈不表示自己有能力做到跟兩位哈佛正教授一樣的事情！對我個人而言，這反而是一種大大的肯定，這個肯定讓我更加深對研究的興趣。

我舉這個親身經歷，主要是想跟大家分享，作論文不一定要挑很紅的題目，想想，有多少人做的研究真的是跟自己當初所學有關？事實上，多數人後來都會漸漸走向不同的道路，寫論文的目的，主要在於培養自己獨立研究的能力。

當初慕 Breslow 教授之名而來，自然而然的想跟隨他作博士論文。但事後才知道，他雖然有名，收的學生並不多，因為他要求學生自己找論文題目，很多人因此望而卻步。但我一頭栽了進去，加上在南卡大念碩士打下的扎實基礎，心想這是一個不錯的磨練。結果很順利的，我以三年的時間完成博士學位的訓練。

Breslow 教授於二〇一五年底辭世，他一直被全球學界尊為生物統計界的泰斗，在他華盛頓大學四十多年的職業生涯中，是學者、更是導師，影響了無數的年輕研究員，改變了現代生物統計學和流行病學領域，對提高生物醫學和公共衛生研究的質量和嚴謹性發揮了關鍵性的影響。

第二年二月底大家齊聚華大為他舉辦追思會，英文用詞是Celebration of Norm's Life，那時我才對他有了更多的了解，看起來一位非常嚴肅的教授，其實從小熱衷於爬山與滑雪。

他不僅到全世界去爬山、滑雪，同時也藉此去了解當地的文化與風情，他總是對各種事物保持高度的好奇心。想起當年，我每次跟他介紹台灣的事情，他總是聽得非常專注與用心，真的是一位活到老、學到老，終身學習的實踐者。

作博士論文不一定要挑很紅的題目，其主要目的在於培養獨立研究的能力。

14 在約翰霍普金斯的時光

我人生中的許多大事，幾乎都是在美國完成的，包含成家與立業。

南卡羅萊納大學的啟蒙加上華盛頓大學的歷練，讓我走到一個完全陌生的生物統計領域，並開始了長達二十八年的學術生涯。

沒有這個轉向，我後來就不會到約翰霍普金斯大學生物統計系任教，遇到 Prof. Scott Zeger，也就沒有機緣共同合作，更不會發展出被引用兩萬多次的「廣義估計式（Generalized Estimating Equations, GEE）」論文。

若沒有 Scott 了解我對教育的關心，在霍普金斯生物統計系設立 Graduate Program Director，並請我當了七年的主管，我也就無法成為後來陽明大學的校長。

跟 Scott 當了近三十年同事，他是我研究路上最重要的合作夥伴，是彼此價值觀相近的教育學者，更是終生的好友。

遇見研究夥伴及終生好友：Scott Zeger

我到霍普金斯時，當時生物統計系的系主任為Prof. Chuck Rohde，是一位德裔美人，他在研究上做得不算出色，但心胸寬廣，培養年輕人不遺餘力。

在他一九八一年上任之前，生統系正在走下坡，系上除了一位助理教授外，其他都是正教授，而那位助理教授也因表現不好打算離開。

Rohde上任後，接連兩年為系上延攬了五位年輕新血，我跟Scott是其中之二，我們同在一九八二年來到霍普金斯。

Scott來自普林斯頓大學統計系，對公共衛生並不了解，但他很快就進入狀況。公衛學院的教授做研究，都會向美國國家衛生研究院（National Institutes of Health，ＮＩＨ）提出計畫申請，在審查計畫時，ＮＩＨ也都會看計畫書裡面有沒有包含生物統計專家。

那時，一位從事婦幼衛生研究的教授有一個研究計畫，找來一些媽媽們每天寫育兒日記，想從這些記錄孩子健康或生病的日記中，看母親的壓力是否會影響到孩子的成長或是孩子的健康狀況。

因為日記每天都會記錄因此不止只有一次，但當時並沒有合適的統計分析方式，在分析母親壓力與孩子健康關聯性時，需要同時考慮同一孩子多次數據之間的相關性，而且在記載孩子的健康狀況時，只有簡單的「有病」或「沒有病」。

當時的統計方法無法處理這類的數據，於是，這位婦幼衛生教授找上我們系主任幫忙。系主任請 Scott 還有早我們一年來到霍普金斯的 Steve 參與研究計畫，過程中，發現現有的統計工具已不適用，必須發展新的工具出來。在發展新工具上，又必須導入一些公式來證明其準確性，但兩人導了一陣子導不出來，於是他們來找我，沒想到被我很快地導出來，因此，我也成為這篇研究論文上的共同作者。

做研究導不出某些公式來是很正常的，因為研究中總有一些盲點，也許他們沒注意到，或者使用的方法剛好是我比較熟悉的領域。重點是，這是我和 Scott 一起共同合作的初始，而這篇論文後來發表在一九八五年的英國統計期刊《Biometrika》，算是廣義估計式（GEE）的前身。

「廣義估計式（Generalized Estimating Equations, GEE）」論文

後來，Steve 回去西海岸工作，變成我跟 Scott 一起打拚。當時，這種研究是屬於比較新的領域，從正在做的研究中，我們看到還有很多題目可以加以研究。於是，我

們再接再厲，將第二篇論文同樣寄到《Biometrika》，隔年的一九八六年再獲得刊登發表，也就是現在被引用兩萬多次的廣義估計式。

後來，有一位英國學者 Peter Diggle 找我們一起寫一本書，專門講述這方面的研究，這本書在我們那個領域中，應該是最早最受到重視的課本。這本書的書名是：*Analysis of Longitudinal Data*，由牛津大學出版社出版，第一版於一九九四年出版，二○○二年出了第二版。

文章發表後，很多人寫信來詢問我們有沒有電腦程式可供他們使用？記憶中，至少有幾百位，我們都很樂意提供，而且來者不拒。事實上 Scott 察覺到，能提供程式讓他人使用是關鍵，於是去爭取一筆經費，找了一位學生來寫程式。

過程中，公衛學院副院長曾問我們，有沒有去申請專利的想法？但在當時我和 Scott 並沒有如此想過，我們認為一個工具若沒人用、對他人沒有幫助，放著敝帚自珍也不會有意義，生物統計是門「工具」科學，目的是協助科學家尋找科學問題的答案。

Scott 非常聰明，從 GEE 看到我們還有很多論文可以繼續合作，就建議以後發表的文章輪流當第一作者，我欣然接受。我還開玩笑，若照英文字母來排序，以他姓氏「Z」來說，會永遠翻不了身。事實上，我當時很清楚地知道，Scott 是不希望因為爭排名而失去友誼，進而斷送難得合作的機會，這就是好友間的默契，是無可取代的，也讓我們的友誼長存到現在。

相較之下，台灣的大學教授升等，太過強調作者排名順序，但在跨領域的時代裡，其實各有所司，若過於強調，互補加成的效果只會打折，實非我們所樂見。

論文得到生物統計同僚和指導教授的肯定

在美國統計界，一篇文章常常需要一、二十年才會受到肯定，沒想到發表後才四年，我倆就被邀請到一個主要的生物統計年會上去講一天的課。

一九九〇年會在巴爾的摩舉行，開會時間一般從禮拜一到禮拜三，但學會鼓勵大家周末就到，除了住旅館有折扣，禮拜天他們還會安排一些收費的短期課程，做為進修用。

我們兩人是受到肯定的年輕毛頭，必須跟上百名生統界專家講一整天課。我與 Scott 說好輪流講，Scott 是猶太人，除了聰明，表達能力也強，在與他共寫研究論文時，我常驚嘆他文字表達的功力。他演講時，我也坐在旁邊聽著，他的英文真不是普通的好，在說、寫表達上都高人一等，聽他上課，對我來說也是另一種學習。

記得當時我們走到講台前，回頭一看，Breslow 就坐在第一排，他到場對我是很大的啟發，在我們傳統的觀念中，認為老師怎麼會來上學生的課，受寵若驚之餘，備感榮幸。Breslow 活到老、學到老的態度令人敬佩，他並不會覺得來聽自己學生上課有何羞愧，反而有一種了解學生做得不錯的高興及驕傲。

霍普金斯的生統系在 Rohde 的領導下止跌回升，我們幾個由他延攬進來的新血，大家表現都很好，並在幾年之內，分別輪流拿下美國公共衛生學會頒給生物統計界四十歲以下學者的最大獎項：Spiegelman Award。於是在 Rohde 帶領下的霍普金斯生統系，也與哈佛、華盛頓大學成為三足鼎立的局面。

Rohde 卸任後，由 Scott 接棒系主任。自 GEE 文章在一九八六年發表後，我與他持續到世界各地演講，在旅程中，我們常常聊到教育問題，他知道我對教育的關心，上任後，第一件事就是設了一個 Graduate Program Director 的職位，讓我專門負責研究所的教育工作。

跨足教育工作，初嘗推動教育理念的滋味

說是一個主管，其實人事上極為精簡，通常就是我和一個助理。不過，要做的事情不少，我必須思考如何培養人才、規劃核心課程及引入新的選修課程等，還要積極

延攬全球優秀學生。

Scott 因我之故來過台灣幾次，真實了解台灣學生的潛力，也產生對台灣的情感，因此，每年願意提供一個名額的全額獎學金給台灣的學生。

光是處理每年投遞進來的兩百多份入學資格申請，就很耗費精力，但我還是親力親為，一份、一份地仔細閱讀學生的申請陳述。而平日在與學生相處上，我們定時聚餐，並且輔導成績落後的學生，營造出一個大家庭的氛圍。

Scott 給我機會，讓我初嘗推動教育理念的滋味，讓我體驗到教育是一種長期投入的良心事業。當時並沒想到，這個小主管經歷，後來會變成申請陽明大學校長重要的一環。

根據當時教育部大學校長遴選的規定，校長候選人須具備四年以上學術主管經歷。這項規定，我在國衛院擔任三年副院長的資歷無法算數，因國衛院不是教學單位，而且任期也不到四年。我在美國也沒有當過系主任，唯一有的，就是這個當了七年的小主管。

後來，接任的系主任寫了一封信，說明我當過 Graduate Program 的 Director，等同學術主管，這才讓我擁有申請校長的資格。

二〇〇三年從霍普金斯借調回台灣擔任國衛院副院長，Scott 在這件事上，也給了我最大的通融與包容。按院方規定，原本只能借調一年，結果他幫我向院方爭取到兩年。後來，我為了將當時手邊工作處理告一段落，好讓後任者接手時可以順利，不致產生太多困擾，又得到Scott的諒解，再多給了我一年時間。

我與Scott從合作開始逐漸變成好友，他喜歡吃中國菜，我們住家附近有一家中國餐館一品川菜（Szechuan Best），兩家常相約一起上館子。一九八七年，中研院成立生醫所，我回台灣客座半年，那年十二月，Scott和他太太Joanne從美國飛來台灣，當時他們還沒有孩子，與我們一家四人一起住在生醫所的宿舍裡，並到中研院及其他大學演講。

一九九三年台大成立公衛學院，我又回來一年幫忙規劃生物統計學程，並培訓生統人才。那時，他們有了第一個孩子，與我一樣都成為人父。又是十二月，夫妻倆帶著幾個月大的嬰兒Max，一家再度從美國飛來與我們相聚一堂。

年終冷冬中，得見不辭千里、風塵僕僕而來的摯友，讓我真心體會到論語書中「有朋自遠方來不亦樂乎」的感動。Scott規劃今年底（二〇二四年）全家第三次來台灣看我們，重溫往日的美夢，萬分的期待。

工具若沒人用、對他人沒有幫助，放著敝帚自珍也不會有意義，生物統計是門「工具」科學，目的是協助科學家尋找科學問題的答案，申請專利是次要。

15

踏入精神醫學及遺傳基因領域

前面提到，原本跟 Scott 一起研究合作的是 Steve，後來他在一九八四年離開霍普金斯回西海岸工作。Steve 做的研究領域跟遺傳有關，離開前，他推薦我去跟流行病學系一位同仁合作，讓我走進遺傳統計這個領域。不過，我真正深入到這個領域是在一九九〇年的時候。

我的另一位同事 Hendricks，他參加一個以前叫精神分裂，現在正名為思覺失調症的遺傳研究。但因為他中間離開，介紹我去接手，我也因而踏入精神醫學及遺傳基因研究領域，成了我研究生涯的第二個轉捩點。

在好奇和挑戰的驅策下，踏入精神醫學的全新領域

精神健康（Mental Health）以及遺傳統計對我來說，是完全陌生的領域，要不要走

進這個領域，其實有其風險。

當時，我在霍普金斯已升為正教授，那一年也拿到四十歲以下生物統計學者最大獎項：Spiegelman Award，可以過上比較舒適的日子。但是喜歡挑戰未知的個性使然，新領域對我頗具吸引力，然而評估風險，自己是否可以找出一個統計問題去研究？有沒有能力做得出來？卻是連自己也未知的答案。

負責這項研究計畫的主持人是一位女性 Prof. Ann Pulver，年紀比小我一歲，也是一位猶太人，具有大多數天才的特質，就是極有個人主見但不太合群。她從小就立志朝向思覺失調研究方向，長大在霍普金斯拿到這領域的博士，接著就投入思覺失調的遺傳研究中。

加入研究團隊後，我們每個禮拜碰面一次，花一個下午進行 Ann 所稱的 Data Meeting，一起研讀許多臨床及遺傳上的論文，這些論文讓我對思覺失調這個領域多了更深一層的了解。而我同時和他們分享關於生物統計的一些概念，大家一起互相學習成長。

從參與過程中，我真正了解到精神疾病不只影響個人健康，還波及整個家庭及社會，是一個必須要正視的議題。

我的一位同事，做了巴爾的摩街頭流浪漢（Homeless）調查，發現百分之六、七十的無家可歸者，皆有精神疾病的病史。這群人原本也有家庭，直到某一天，精神疾病將其家庭及經濟燃燒殆盡，讓他們不得不浪跡街頭。

精神健康問題對社會、個人及其家庭影響是個大議題，如果我們可以發展出一些統計工具，協助找出疾病基因，然後發展出治療藥物，將可減低精神疾病對社會與個人的影響。

認知到這個研究的意義後，我希望自己也可以在這個研究領域有所貢獻。

意志剛強、做事嚴謹的優秀研究者：Ann Pulver

當時的霍普金斯醫學院，仍是充滿男性主宰（Old Boy Network）的世界，事實上，醫學院直到一九四〇年之後，才開始收女性學生。

Ann一來不是醫師，二來她是女性，兩個最不利的條件讓她不管在薪資、升等、或資源分配上，總是遭遇一些大小眼，或有人給她穿小鞋的事情，讓她吃了不少苦頭。

生存雖然吃力，但她做事極有原則，在研究上採高標準且絕不妥協。她不會在研究尚有疑慮，或礙於研究計畫繳交時間快到時，就趕著發表。她也提醒我們，這個領域跟其他如腫瘤、心臟血管的研究很不一樣，因為「思覺失調」這個定義，不像腫瘤有分第一期、第二期……那樣清楚的生物標記，完全靠的是精神科醫師及臨床心理師對病識的觀察、判斷及評估。

光是做問卷，她一定要求在和別人合作時，兩邊對思覺失調的定義要達到一致，才會繼續合作下去。這種堅持、強硬的態度，讓我對她非常佩服。

Ann 也建議我多培養從事精神健康研究的生物統計人才，並建議是否可以讓生統系的博士生，多一些對精神健康領域了解。因為，那時生統系的博士生接觸與關注談論的議題多在心臟血管疾病、腫瘤上，與 Ann 期望的精神健康研究領域差距很大。

後來，我得知美國國家精神健康研究院（NIMH）有一項 Training Grant，是專門訓練生物統計博士生，特別在精神健康領域上。於是，我去申請了一個 Grant，果然培養出一些願意走入這個研究領域的學生。其中，有幾位畢業後在大學任教，主要合作的對象就是精神科醫師及心理師，這個結果讓我備受鼓勵。

此外，Ann 同時告訴我，之前使用的研究統計工具，都非正統，她鼓勵我投入遺傳統計的方法研究。這時候，我已經是正教授，少了升等壓力，覺得這領域的研究既重要也很有意思。

思考投入一個新領域的風險，至於之前提到找不找得到問題研究，或是做不做得出來，這些評估，我後來都不去想，只要覺得是對的事情，我就埋頭努力做下去。

全心全意投入研究，鍥而不捨，絕不放棄

我做了決定，就全心地投入，在長達半年的時間裡，每個晚上不斷翻閱相關書籍，對精神及遺傳疾病逐漸了解之餘，也找出一個相關的統計方法研究題目來做。做生統研究工作，不必進實體的實驗室（Wet Lab）裡，往往只要一部電腦（Dry Lab），一個人腦，在哪裡都可以工作，以至於那時我時常出現在家、但其實又不在家的狀態。

我開著電視坐在沙發上，好像眼睛盯著電視，但家人跟我交談時，都知道我根本完全心不在焉，腦袋不知道轉到哪裡去了，有時突然一個靈光，整個人跳起來拿起紙筆又開始計算。

記得在做遺傳統計領域研究時，我曾在發展一個方法上不斷撞牆，公式導了很久就是導不出來，明明心裡知道答案大概是那樣，但在證明上面卻硬卡了又卡。那時，我還要回台灣審查計畫，在飛往台灣的班機上，我仍不停地去算，還是導不出來。

到了台灣住母親家裡，半夜因時差醒過來，又繼續導公式，還是算不出來。最後，在回美國的飛機上，還是用上高中時所學的因式分解，終於導出結果，我一口氣連寫了十幾頁的算式……。

期盼科學研究能改善患者境遇，減少人性的遺憾

為什麼這麼鍥而不捨？可能就來自我也正在研究的「遺傳」裡的執拗脾氣吧！認為應該是對的，就絕不放棄。

我想起了大我六十歲的父親，他在我出國第二年時去世。雖然說我跟他的感情不像父子、更像是祖孫，在我當兵退伍後於東吳大學當助教時，晚上回到家裡，總看他默默地看著電視，然後陪他老人家回到床上蓋上棉被睡覺，他變得沉默，與我們甚少交談。

現在想來，以他當時的行為，推測可能已經患上失智症。出國那一天，在將往松山機場之前，跟他說再見時，他的記憶呈現模糊不清，甚至已不太認得我是誰，而沒有什麼反應。

當時的醫療與知識，幾乎完全沒有關於高齡及失智的研究，如果我們早有這方面的知識，就可以在彼此關係上做不同的交流，患者也可以得到更多的協助，減少情感中應該做、而沒能做到的遺憾。

在跨入新領域上，大家都做得很辛苦，但我很感謝 Ann，她是個不向強勢低頭的女性，也感謝那位離去的同事給我進入新領域的機會，為精神健康及遺傳疾病上能夠

有所貢獻，發展工具以便找出疾病基因，同時期望得以發展出治療藥物，讓精神健康成為一個應被認真關注的領域。

我也欣見GEE除了改變國際臨床試驗的統計分析方法，同時也被廣泛使用於癌症、心臟血管、精神疾病、家族遺傳疾病及基因遺傳學及社會科學等領域中。

從這再一次的跨領域學習，我享受到研究帶給我的苦中帶樂，及滿足願意學習新事物的好奇心，還有對於周遭事物及社會，更增添深一層的關注與人文關懷。

在我四十年的職業生涯中，待在霍普金斯的時間占了二十八年，它給了我一個很好的環境、許多挑戰與學習的機會，讓我能夠成長茁壯，我才有機會回來台灣貢獻所長。

精神健康問題對社會、個人及其家庭影響是個大議題，如果我們可以發展出一些統計工具，協助找出疾病基因，然後找出治療藥物，將可減低精神疾病對社會與個人的影響。

16

系主任的機會教育

從生物統計研究，轉到台灣高等教育行政工作，如果說，我在行政工作上還算做出了一些成績，都必須感謝霍普金斯生物統計系的系主任 Rohde。與他共事的期間，他的眼界、為人處事、給予師生好的環境與機會，還有正向思考的領導力以及凝聚共識的心胸，無形中都成為典範，讓我在行政工作中找到方向與依歸。

前面說，霍普金斯生統系是在 Rohde 的經營下止跌回升，我也蒙他慧眼加入這個團體，才有一展身手的機會。後來，聽說當初面試時，系裡的教授對延攬母語非英文的年輕人有些保留，是他獨排眾議堅持收我，而成了系上唯一的亞裔人士。

系主任 Chuck Rohde 大刀闊斧改革，大膽任用新人

我在霍普金斯，除了研究工作也需要教書，英文非我母語，我想，他應該也有過疑慮，畢竟不管做研究、還是教書，我們都必須具備以英語和科學家及學生對話的能力。而 Rohde 以「來學一點新知識」為由，表示要來聽我上課，其實，我知道他是要來看我教書的狀況，好適時給我一些建議，讓我可以表現得更好。

他雖然研究做得不算出色，但涉獵很廣，在領導及行政工作上穩健超群。在用人、或推動計畫，總能凝聚大家共識並做出正確決斷。

當時，生統系旁邊有一所「流行病學系」，這個系有其自己的文化邏輯，就是覺得自己是全世界最好的一個系，學生也是最好的，把最好的學生都留在系裡，是理所當然的，所以，他們系上幾乎都是「自己人」。

聽起來似有道理，但操作下來會出問題。整個系都是「自己人」，在思維上往往成為難以流通的內循環，也讓人際關係變得複雜又盤根錯節，資源取得與分配少不了明爭暗鬥，資深者占據優勢，新人難以施展拳腳，所以，雖然都是一流人才，但系所不免成了一灘死水。

有鑑於此，我們生統系訂下一個沒有白紙黑字寫下來的不成文規定，所謂不成

文，就是一種概念。Rohde 認為，如果學生優秀，畢業後就應該離開學校，到別的地方發揮影響力及所長。如果學生在外面也做得很好，到時可以再回來，出去闖蕩的學習歷程，必定會帶回新事物與新的見解，這些都是養分，將給系裡帶來新的知識與活力。

所以，Rohde 一上任就進行換血，他爭取到一筆經費，率先延攬三位新人，次年則收進了我和 Scott Zeger。我們五個人，年紀相差無幾，只有 Steve 與我同是西雅圖華盛頓大學畢業，其他三人背景皆不相同，也都不是系裡的畢業生。

團隊合作，共同為系上努力爭取榮耀

Scott 與我後來成了長期合作的夥伴及摯友，但其實我們五個人都建立起了兄弟般的感情。在那個連電子郵件還沒出現的年代，每年，我們都會互相到夥伴的辦公室，提醒生統年會報名截止日期，然後一起去申請在年會上做十五分鐘演講的機會。

美國人多半獨立自我，我們這種團結的情誼顯得相當罕見。在年會上，只要五人中某一位進行演講，其他四人都會到場支持打氣。

後來，我們覺得系上有些課程實在太過陳舊，於是我們重新設計，引進新的想法，Rohde 總是從善如流讓我們放手去做，如果沒有他的支持，霍普金斯生統系不會成為全美三大之一。

一九八七年，我和 Scott 合作廣義估計式在一九八六年發表的兩篇論文，獲得美國統計協會的一個獎 Snedecor Award，我猜這個獎應該是 Rohde 私下幫我們去提名的。當接到獲獎通知時，他臨時通知系上老師開一個會，跟大家宣布好消息。看他臉上開心的笑容，簡直比我們兩個還要高興。美國人喜歡在輕鬆場合故意開些小玩笑，一位教授說：「原來需要兩個人，兩篇論文，才會得獎。」

得獎除了對個人是一種榮耀，但對 Rohde 更是一種肯定，肯定他識人的能力。

正因有好眼光，所以在一位學生博士口試沒通過之時，Rohde 說服大家給這位學生再口試一次的機會。他認為，學生不是能力欠缺，而是口試時表達比較緊張、反應比較慢。事後證明，Rohde 是對的，後來這位同學不僅順利畢業，也成為最有學術成就的校友之一。

不僅作為學生職涯的貴人，也是生涯的導師

對我來說，Rohde 常扮演一個導師（mentor）的角色，在我研究陷得太深而卡住

時，我都會去找他聊一聊，他總會給我一些很好的建議，包括我當初申請的第一個研究計畫，在與他聊過後，他連計畫的名稱都立刻給出很好的建議，讓我受惠良多。

受到他這樣溫暖的對待，當我成為正教授後也想到回饋，於是我對剛來到的年輕老師盡量給予幫忙。年輕人剛來，不是馬上就可以帶博士班學生，有學生找我作博士論文，我盡量搭配另一位年輕老師一起來指導，最後由對方掛名指導教授，因為，年輕老師比我更需要這個資歷。

Rohde 謙遜溫和，我從來沒看過他罵人或跟人起爭執，他就是很會營造溫暖的氣氛讓大家和睦相處。

Rohde 也很會凝聚共識，不管系上準備推動什麼新的規劃，在開會的前幾天，就算是助理教授，他也一定親自到每個人的辦公室裡去聽取個人意見，凝聚共識（Consensus Building），而且總是以正面思維（Positive Thinking）來看待處理事情。

他並不是沒有自己的主見與看法，而是對他人想法都非常尊重。美國有一個「酒杯裡裝了一半酒」的諺語，樂觀的人覺得滿了一半，悲觀的人是看到空了一半。

但 Rohde 讓我們習慣用正向思考來處理事情，所以當困難發生，我也學會不以「怎麼這麼倒楣」的心態來應對，把困難當作是一種磨練、一個挑戰，想辦法去解決。

真正師者的典範：永遠正面思考，全力作育英才

在Rohde任上與他共事的那些年，真是一段美好的時光。

回來台灣工作之後，每年暑假我和永銚回美國看兒孫時，都會與他兩夫妻相約見面。他個人對紅酒很有研究，不但家裡地下室設有酒窖，自己還在母親家的果園中栽植葡萄。他曾帶我們去果園裡採摘葡萄與桃子。

他也會自行釀酒，但總是保持低調。他的朋友曾偷偷把他釀製的紅酒拿去馬里蘭州參賽，最後還得了獎。

他對紅酒的興趣非常之高，知識也很豐富，我們相約去法國餐廳吃飯，我表明要請客，他則負責幫我們點酒，他點的酒不是很貴，但與菜色都極為搭配，看得出是一個很會、也很懂得過日子的人。

美國法律規定不能以年齡來強制退休，在他服務屆滿五十年時，系裡幫他開了一個派對來慶祝。五十年、半個世紀，他持續著教書，看出他對作育英才的熱忱。在派對上，我們這些當年被延攬進來的人，講些以前和他一起共事時的事情，不覺光陰似箭，一切彷若昨日⋯⋯。

Rohde對我影響很大，尤其在我放下研究工作，走進行政領域時。行政領域這一

部分在我所受的教育裡是欠缺的，既沒有這種課，也沒有老師教。但我從 Rohde 身上仔細觀察，將他個人與領導時的長處一一記下並慢慢學習，可以說是潛移默化。

從某一個角度來看，這跟我學的數學本身不是「對」、就是「錯」的思維，絕對有些衝突，但我也在裡面學習理解與改變，這是他對我無形中的教導。

任職陽明校長後，有幾位學術主管注意到，我也常以正向的態度看待並處理事情，更感受到 Rohde 對自己影響之大，不管在陽明或國衛院時也一樣。面臨挑戰時，都會想起 Rohde 幾個讓我佩服的特質：

1. 從沒見過他批評別人，凡事以正面看待。
2. 建立並凝聚共識，想推什麼計畫先親自拜訪、溝通並聽取他人意見。
3. 沒有私心，凡事皆不為己利，而是謀大家福祉，當同事或學生做出好成績，他比你還高興。

我從他身上學到很多，只可惜他在二〇二三年初過世，享壽八十五歲。猶記在霍普金斯的第二年，一九八三年十二月二十三日大雪紛飛，我們的大兒子兆綱在巴爾的摩的 Union Memorial 醫院誕生，Rohde 和他的太太 Savilla 兩夫婦在次日冒著風雪，開車過來看我們，送花、送禮物，獻上祝福，當下那份感動和感謝，我們實在難以筆墨來形容！一路走來，Rohde 對我，亦師亦友，永銘在心。

用正向思考來處理事情，當困難發生，不要以「怎麼這麼倒楣」的心態來應對，把困難當作是一種磨練、一個挑戰，想辦法去解決。

17

大師風範

我非常懷念 Rohde，他除了工作上的支持外，也給我們空間與時間去充電。

當初來到霍普金斯，Rohde 知道我們平常工作負擔很重，為了減輕我們的負擔，他讓我們工作兩、三年後，可以稍停下兩個月的時間，去自己想要去的地方，探索不同知識，好好充電，而且是留職又留薪。他深知我們的需求，所以容許我們暫停工作並讓我們沒有後顧之憂。

也因有這種機會，經和 Scott 討論後，我倆決定去英國皇家學院（Imperial College London）。在那裡，我們見到了二十世紀三位被封為爵士的統計學家之一，當時是碩果僅存的一位 Prof. David Cox，也是我們引用最多文章期刊《Biometrika》的主編，更是聞名全球 Cox Model 的作者。

大名鼎鼎的 Sir Cox 大我們二十多歲，我們抱著向他請益的心態前來，很幸運地大開眼界，見識到什麼是真正大師的風範，更有幸在兩個月期間，與他成為忘年之交。

有幸結交親和力十足又學識豐沛的大師：David Cox

剛去到皇家學院，一見到 Cox，他開頭直接問我：「來做什麼？」我有一點被他的氣勢震懾，回答說：「我有些研究題目想跟您請教。」他接著問：「牛津大學那邊今天有一個生物統計的演講，你要不要一起去？」

與大師同行，哪有說不的道理，於是我們一起搭上火車，並在車上聊起天來。跟著他來到牛津，一進場，會場那邊便介紹：「Professor Cox 跟 Professor Liang 來了……。」託他的福，我好像也變成什麼大人物了。

演講才開始沒多久，我發現坐在旁邊的 Cox 已經低著頭睡著了。看著睡著的他，我心裡天人交戰起來，到底應不應該喚醒他？最後，我還是決定沒有去動他。

驚人的是，演講快完的時候他醒過來了，而且馬上就舉手提問，那個問題還真不一般，是必須聽講後才會產生的問題，他讓我驚嘆極了，一面睡覺還可以一邊聽講，實在讓人佩服！

在英國的大學，常常一個系裡只有一位正教授的職缺，Cox 的地位崇高，因此，在很多演講（seminar）場合，主講人一講完，底下一片寂靜無聲，大家都在等著 Cox 提出第一個問題。

文化底蘊深厚的英國，階級觀念依然會從不同方式探出頭來。但Cox的提問深入精闢，總能引發另一層面的思考，光是聽會場裡面每個學者的提問，就讓人覺得不虛此行。

我與Scott的辦公室被安排在系裡的一個角落，那是專供訪問學者使用，而且辦公室旁邊就是廁所。不知道是不是這個原因，在這裡兩個月，工作起來特別有效率。

有一次看一篇文章，看到某一個地方出現了問題，我在那處看了再看，從這一行導到下一行，就是走不下去。我的個性不太能夠接受這種事情，於是起身去找Cox。偌大的空間裡，我沿著左側牆邊走道往裡走，拐過一個彎，那裡就是Cox的辦公室。我不知道他當時在做什麼，去之前也沒有稍作考慮，就這樣一轉彎、一腳就踏進去，但眼前出現的景象讓我突然頓住，我看到Cox正在打盹。

這下，我有點尷尬、進退不得。禮貌的話，我應該離去讓他好好休息，可是我已經進入他的辦公室，而且他也迷迷糊糊地被我吵醒了。

大師就是大師，他態度自然，雖仍處於瞌睡狀態，但表示不介意。既然他不介意，那我索性也不客氣，開始向他請教問題，Cox就在半睡半醒中聽我發問，接著提起粉筆，毫不思索的指點迷津，真是令人難以置信！

與他交流的兩個月中，我發現他的腦袋簡直就是一個圖書館，裝滿了超級大量的各種科學知識，而且都像打通任督二脈般，完全是融會貫通狀態。

有一次，他主持一個非正式討論會，我自願去講當時正在做的研究。如預期的，他也在打盹之後適時的給出一些有用的指導。事後我詢問他，研究文章作出來後，是否有榮幸請他掛共同作者？他回答不要，但表示：「你寫出來後，我可以幫你看一看。」對他來說，多一篇少一篇文章已經沒有什麼太大意義了，比較重要的是提攜後進。

離開熟悉的環境，才能打開眼界，產生新想法

我很幸運能遇到這位大師，可以向他請益並親身領受他獨特的個人魅力，他也很欣賞我與 Scott，就在這兩個月間，我們成為好朋友。

後來，他每到美國東岸訪問時，事先便聯絡我，問是否可以到約翰霍普金斯訪問？聽到他不急不徐紳士般的話語，我們真是受寵若驚極了！趕緊發邀請函請他過來，大師翩然駕臨，對霍普金斯來說，真是莫大的榮幸。

去英國兩個月做訪問學者，對我是一種難得的經驗，充分體會到充電的重要性。我為什麼鼓勵年輕老師出國進修，不管短、長期，都是離開原有習慣環境，讓自己學習新事物的機會。就算是學生，也需要適時學習新知，接觸新的環境與人事物，這些

都會讓自己打開眼界，產生新的想法。

有些人可能藉著充電時間出去旅遊，這是個人的取捨，但我選擇把握機會好好充實自己的專業知識，光是向大師請教，看他生活與研究的態度，那種在嚴謹與放鬆之間找到的和諧感，還有他的提問，都給了我全新的刺激與學習。

必須以最嚴謹的態度面對論文發表「共同掛名」

在此，我也想分享一下第一章末提到有關文章發表「共同掛名」的看法。

在華大念完博士準備離開的前一天，除了辭行，我請指導教授 Breslow 在我博士論文中寫出來的第一篇文章上掛名，Breslow 覺得他對我的論文沒有貢獻太多，不應該掛名而拒絕了我。

他在美國生統界的地位很高，可說是這個領域的泰斗，工作也很忙，但每個禮拜都固定跟學生碰面，一起看文獻、一起討論，非常的負責任。他看起來沉默而嚴肅，通常大家都不太敢去找他。他收的學生並不多，可能和他要求學生得自己找題目去做有關。

寫論文時，我找到一篇和我論文有關的機率論文章，我把文章拿去跟他討論，但有一些超過他的專業，於是他要我去數學系，並推薦一位做機率論的教授 Ron Pyke。Pyke 是加拿大人，也是《機率期刊》創刊的主編，他對這篇文章很感興趣，想看看機率文章如何用在統計上，於是他願意跟我不時碰面，那時，我已經獲得約翰霍普金斯的工作，但持續在快馬加鞭地進行論文的寫作。

當時，就快要放暑假了，他跟我說，他暑假不見得每天會來學校，因此，給了我他家裡的電話號碼，表示如果需要就先打電話給他，他隔日會特別來學校與我碰面。在我進行論文口試時，他雖然不是我的口試委員，但也特別過來一趟聽我口試，表示支持之意。

Breslow 覺得 Pyke 教授比較適合跟我掛共同作者，但當我對他提出邀請時，Pyke 同樣拒絕了，他說：「這是你自己做出來的論文，我只是對那篇文章感興趣而已。」

在英國，Cox 同樣對我邀請在文章上掛名表示拒絕……。

我從這些泰斗、大師們身上，看到他們對於掛名的嚴謹態度，指點與幫忙不足以讓自己擺在「共同作者」的位置上，而且在做研究上，都儘量要學生自己去找題目，學生花時間努力做出來的論文，就該歸功於學生自己。這跟台灣一篇文章大家搶著掛名，許多教授收學生來做他想要的題目的情形，很不一樣。

這些不求名利的學者風範影響了我。後來，我在霍普金斯與年輕同事一起指導學生，循著當初指導教授對我的教導，當學生論文作出來邀請我當共同作者時，如果貢獻不多，我也一概拒絕。

就算論文題目當初是我想出來的，但我的目的，是藉此提攜年輕教授。當覺得年輕教授足以擔任指導教授時，我便退出，後面的指導工作全交給年輕教授，所以，我沒有什麼資格去「共同掛名」，文章作出來時，頂多放一個致謝（Acknowledgement）便可以。

這都是我從這些老師學來的，不該有的，就不去求取，重要的是問心無愧！

從數學到生物統計

回想在讀博士的第三年，也是最後一年，我已邁入三十歲。三十歲生日那天，我在同父異母的四姊家裡度過，內心頗有感觸。孔子說，三十而立，我因起步晚還在念書，心裡都有點過意不去，也覺得是邁入人生下一個階段的時候了。

那時，生統專業的工作機會相當好，可以去藥廠工作，薪水也比待在學校高。但到藥廠的重點不會是放在研究上，主要是和臨床醫師一起寫計畫、執行臨床試驗、做數據分析及寫結論報告等，好讓藥物快快通過審核上市。然而，高薪終究吸引不了我，數學引導我走到研究，我無法放下興趣。

我的人生與數學脫不了關係，也許個性使然，那種清清楚楚的絕對，沒有模糊空間，雖抽象卻又講求邏輯，都是數學最迷人的地方。

數學還培養了我生命中邏輯思考與分析的能力。在日常生活中，邏輯與分析是需具備的能力，因為我們常面臨必須做決定的時刻，做決定，就必須全盤考量，如果不經考慮就胡亂決定，往往會出現誤判。這兩種能力，可以幫助我們一一釐清、撥開迷霧，做出正確的決定，而數學之美就在邏輯與分析之中。

從數學出發走到統計，再從統計邁向生物統計，然後與科學家合作進入不同研究領域，最後卻回到教育之中……。

我的人生好像一個莫比烏斯環圈，在轉折之中擴大了我人生不同的面向，又在不同面向中讓環圈持續加大，在這越來越大的圈中，最重要的是，數學，它始終都在！

我鼓勵年輕老師出國深造，不管短、長期，都是離開原已習慣的環境，讓自己學習新事物的機會……接觸新的環境與人事物，這些都會讓自己大開眼界，產生新的想法。

第五章

國衛院的歲月

——離開舒適圈，回台面對全新挑戰，貢獻所學

18 返台接任國家衛生研究院副院長

在二〇〇三到二〇〇六年、二〇一七到二〇二二年間，我兩度進出國家衛生研究院。

二〇〇三年應國衛院創院院長吳成文院士邀請，特別向霍普金斯請假，借調回台，擔任國衛院副院長，期間還當了六個月的代理院長。那時候，吳成文院士曾有意讓我來接任他的位置，我心存感謝，但幾經思考，因為家庭的考量，我還是回了美國。

對我來說，國衛院的工作很特別，算是我第一次從事完整的行政工作。在霍普金斯時，我擔任一個小主管，做了一些規劃課程、延攬學生的行政工作，但無法像在國衛院這樣，要處理的人、事與物，既多且複雜。

許多研究學者對於行政工作，常感到頭大，我發現自己並不那麼排斥，這在研究、教學之外，也算是學術生涯裡不同的磨練與挑戰，更何況國衛院是政府的智庫，所做的研究是以任務為導向，與其他的學術機構如中研院及大學是不同的。

上任後第一要務，先釐清國衛院的「任務導向」定位

國衛院可以說是從中研院生醫所衍生出來的另一個學術機構組織，當初，中研院生命科學組院士包括錢煦、余南庚等，都是在專業領域方面卓越的重量級人士，因應生物醫學是新興且受全球矚目的領域，在他們的倡議之下，因而成立了生物醫學研究所，簡稱生醫所。

在錢煦院士及第一位所長吳成文院士努力下，生醫所蓬勃發展，很快變成中研院最大的一個研究所。但中研院是國家基礎研究機關，研究所分布廣泛，且橫跨不同領域如人文、數理、天文等，在有限資源下，生醫所很快面臨飽和的狀態。

於是，在一九八八年中研院的院士會議上，仿效美國國家衛生研究院（NIH），生命科學組院士建議政府成立一個國家衛生研究院（National Health Research Institutes，NHRI），被提出討論後，獲得大家一致的支持。

爾後，歷經一九九一年行政院衛生署「整合性醫藥衛生科技研究計畫」業務推動，一九九四年七月，成立「國家衛生研究院籌備處」，最後於一九九六年一月，國衛院正式成立，並由吳成文院士擔任第一任的院長。

但國衛院要如何有別於生醫所，以避免疊床架屋呢？關鍵就在於「任務導向」的

理念。國衛院必須以國家任務導向為核心，專注於提供政策建言，解決國內重要疾病問題，以有別於強調基礎研究的生醫所。

也因此，國衛院成立之初規劃成立了十個研究組，除了有為了因應台灣數十年來，死亡率居高不下的癌症而成立的癌症組；為解決本土感染症盛行率偏高、衍生各種公共衛生問題而成立的感染組（原先叫臨床組）之外，還有衛生政策組、醫學工程組及生技製藥組等，此外，臨床轉譯需要扎實的基礎研究來支撐，分子基因醫學研究組也應運而生。

這些研究組都是希望經由實證研究，提供政府政策建言，積極扮演提升國家健康福祉的智庫角色。

任務導向的想法是正確的，而實證研究的前提，是研究成果必須符合衛生署（衛福部前身）的需求，進而才能成為可執行的政策。但在台灣，這種想法相當新穎，如何落實並非易事。

就衛生署而言，對智庫角色的期待與研究結果，可能會有落差，需要雙方面的溝通與磨合，不是一蹴可及的。剛加入國衛院時，感覺到雙方像是兩條平行線，沒有太多的交集。

我的背景是公共衛生，強調的是預防及衛生政策的制定及推行，我深深了解實證研究只是手段，最終目的必須經由政策的推動，提升民眾的健康與福祉。

有此認知，也因此和衛生署主要與國衛院溝通的科技組許須美技監，有很好的互動，因為我們講的是同樣的「語言」，溝通自然無礙。

許技監常挑戰我們有沒有什麼研究成果，可以發揮智庫的功能？事實上有不少。舉例而言，群體健康研究所許志成醫師做的一個研究裡，他從當時和國民健康局合作的國民健康問卷調查中發現，國內大多數腎臟病第三期的老百姓並不知道自己的身體狀況，這是非常嚴重的公共衛生問題，也是台灣之所以洗腎人數居全球之首的原因之一。

究其因，由傳統驗尿得出的生物指標血清肌酸酐，經證實並不準確，公認比較精確診斷的是腎絲球過濾率。這個結果在發表後，引起了腎臟學會的重視，並在許醫師的奔波及學會與國民健康署的推動下，驗尿檢驗指標改為腎絲球過濾率，並經由衛教，讓腎臟科醫師及民眾對此及預防措施有更正確的認知，誤診因而下降且能及早治療，老百姓健康也因此獲得提升。

以誠懇堅持、就事論事的態度與立法部門溝通協調

國衛院是經過立法院審議通過而成立的財團法人，隸屬於當時的衛生署，但經費則來自行政院科技預算，每年預算須先經行政院通過，而後送立法院的環境衛生委員會及預算委員會審查，通過後才算數。

這種安排面臨諸多挑戰，其中之一是研究人員及行政同仁的薪資，不像國立大學的教職員，並沒有分開來編列，而是「灌」在科技預算裡，也因此，不論是在行政院或立法院審查時，若遇有預算刪減，會直接影響到人事經費。對座落於竹南的國衛院而言，延攬人才本就居劣勢，經費的不穩定性，會造成攬才與留才上更大的困難。

立法院預算審查，立法委員的背景多半不是學界，對任務導向的概念更是陌生，但他們卻掌有「生殺大權」，何況預算的把關本來就是他們的職責。

在擔任代理院長期間的最後半年，也就是二〇〇六年的上半年，在負責國會公關的主任陪伴下，我單槍匹馬一一拜訪兩個委員會四十二位委員（預算及環境衛生委員會各二十一位），誠懇地請他們支持國衛院提出來的預算。

過程中，我以幾個例子闡述國衛院任務導向研究的成果，及其對政策推動及民眾健康提升的重要性。一番談話下來，有好幾位立委向我表示：「你們之前怎麼都不讓

我們知道這些成果？」而這正是我前來拜訪的目的，主動溝通、相互尊重更是無可取代的。

或許是事先的拜訪與溝通，加上前一年（二〇〇五年）禽流感防疫的藥物開發任務，國衛院同仁努力成功合成公克級「克流感」，那一年四月六日，立法院預算審查全額通過，事後據癌症組主任彭汪嘉康院士說，這是國衛院的計畫預算第一次一毛錢都沒有被刪。

凡事事在人為，只要全力以赴，自然問心無愧，沒有什麼事情是不可能的。預算通過第二天，我寫了一封信給四十二位委員，對他們的支持表達感謝之意。此外，拜訪委員時，他們個別關心的議題，我也分別以手寫的方式表示我的重視及未來如何因應之道。

事實上，我那時已決定要回美國任教了，但人與人之間關係的維持是長遠的，不要因為當年的預算過了，就拍拍屁股走人，這並不恰當。

在那年拜訪立法委員們的同時，我也在三月二十三日寫了一封信給國衛院同仁，題目是「什麼是任務導向？」，勉勵同仁們就國衛院對提升國家醫藥衛生科技的宗旨，有更深入的認知與投入。

十一年後，當我重回國衛院擔任院長，重新檢視當年寫的文字，看法還是一致的，而且可能還是會面臨類似的問題，但就把它們當作挑戰，我們就是去面對與克服。

時時提醒自己絕對不能有「上位者」的傲慢

三年國衛院副院長的任內，讓我多了不同的學習，從前面提到在內湖租的開會空間中，因為看到角落地上累積的咖啡漬，隨意交代處理一下，就在下次踏入時發現整片地毯都被換掉，感受到身處其位的影響力，也時時提醒自己要小心善用。

行政工作要做好並不容易，成為大家信任的領導者更不容易，這個經驗與學習沒有讓我就此打退堂鼓，反而讓我思考，如果再給我多一點時間，很多事情是否可以處理得更好？

回想起來，我認為想要獲得大家的信任，沒有私心是最重要的，而誠心的溝通、互敬互信也是要件之一。

暫別國衛院，但後會有期

三年國衛院時間，對我來說匆匆而過，但對在美國的永銧而言，作為「類單親」

卻是充滿了挑戰。這期間，她周一到周五要到附近幾個小學擔任ESOL Program的英文老師，周末要到哥城中文學校教中文，還一直兼任教務的重責。

除此之外，每天要照顧當時念高中的二兒子兆維，這不打緊，永銧還下了決心要重返校園，她申請到UMBC（University of Maryland, Baltimore County）的入學許可，再念一個碩士學位，成為正式的ESOL老師。

ESOL全名是English for Speakers of Other Languages，專門提供給母語非英語的外國移民到美國的中小學生，在學校每天特別抽出一段時間給他們上英文課，加強他們英語的能力，以協助他們早日融入新的環境。立意良善，但逐漸地，美國當地的教育部門要求所有的老師都要有相關的教師資格才能當一個「highly qualified」的老師。

永銧擔任了多年的約聘老師，對學生很好，學生也很喜歡她。為了能夠繼續投入ESOL Program，她決定重返校園，利用下午到傍晚的時間念一個碩士學位，而那時，我已在國衛院進入第三個年頭。

回想自己剛開始工作的時候，永銧一直是家裡的全職媽媽及妻子，照顧兩個孩子，也讓我毫無後顧之憂，可以安心的上班或出國開會演講。永銧雖然沒有提，但我心想，這是輪到我支持她的時候了。且在霍普金斯借調三年已滿，必須做決定，辭掉國衛院的工作重回原先工作崗位，並重拾每日洗碗洗菜的重任，也就成了必然的選擇。

這不是件容易的抉擇，三年間和國衛院同仁，尤其是年輕的研究員，建立了很深厚的感情。最後半年擔任代理院長時，更能體會到作為任務導向研究機構的獨特性及使命感。

但天下常常沒有完美的抉擇，總是要面對取與捨，在臨別前寫給同仁的信裡，我表達了懷念之意，最後以「後會有期」四字作為結尾，似乎冥冥之中，覺得以後還會有機會共事的，只是沒想到前後隔了十一年之久。

其實回台灣貢獻自己所學的想法，很早就在心裡出現，當時五十五、五十六歲的我，經過國衛院的洗禮，在我思考人生後半部的計畫上，起了一些推波助瀾的力度。如果想繼續做研究，就留在美國，再將新知以研討會形式帶回台灣；如果想轉換到教育行政工作，就應該停下研究工作回台灣發展。

想持續貢獻台灣的思維，也促成了二〇一〇年、從工作二十八年霍普金斯退休回台灣投入高教的濫觴……。

如果想繼續做研究，就留在美國；
如果想轉換跑道到行政工作，
就應該停下研究工作回台灣發展。

19 接掌國衛院院長

二〇〇六年離開國衛院的同時，伍焜玉院士接任國衛院第三任院長，前後六年。下一任的院長龔行健院士，因為家庭因素而提早卸任，所幸，當時的余幸司副院長臨危受命，擔任代理院長，沒有造成空窗期。

在此同時，國衛院啟動遴選，經過一年多的時間，董事會於二〇一七年五月任命我為國衛院第六任院長。

在被遴選出擔任第六任院長時，我在陽明大學的校長任期尚未滿，要到二〇一八年七月才屆滿，但因為院長空缺已經懸了兩年多，董事會希望我儘早在二〇一七年八月上任。

要不要提早離開陽明？讓我當時心裡很掙扎，幾經思考與周旋，還是做了決定於二〇一七年十二月告別陽明。提前離開的決定，還讓我與永銚之間出現不同意見的「冷戰」，永銚知道我和同學之間的關係密切，她擔心我突然離開會造成學生們的不開心、不諒解，還說有些學生可能希望領到「梁賡義校長」署名的畢業證書。

我對陽明是充滿感情的，將近八年以校為家，的確與學生建立了相當親切的關係，身邊還有很多對教育充滿熱情的同仁，在在讓我依依不捨。

至於學生是不是會有不諒解的情況，我認為不至於出現，因為，我了解同學們都是有理性的，只要誠懇的解釋，他們是會理解的。我比較擔心的是，原先對陽明助益甚大的五年五百億計畫，該年底就要結束，但新規劃的深耕計畫仍未定案。

所幸在和幾位大學校長奔波之下，曙光漸現，計畫申請截止日期訂在當年的十一月二十七日，正好讓我在離開之前，可以和同仁一起將計畫書如期送出。

猶記得這深耕計畫書的前言共十頁，當時似乎文思泉湧，我在短短八個小時內完成，並勾勒出整個計畫的脈絡，如今時而想起，提早告別的罪惡感算是稍覺減輕。

出任院長，組成核心團隊，強調國衛院的公信力

從任命到接掌國衛院院長期間有六個月之久，這讓我有充裕的時間去延攬副院長及主任秘書，在國衛院習稱「三長」。

當初國衛院成立的組織章程裡，設有一位副院長，由院長任命。由於我的背景是

公共衛生，也因此，若副院長有臨床及基礎研究的背景，比較能互補加乘。之前，在陽明大學就聽聞司徒惠康教授的大名，國防醫學系畢業，爾後到史丹佛大學深造、獲得微生物免疫學博士學位，緊接著回母校任教，當時，他正擔任國防醫學院校長的職位。

人稱司徒，為人謙厚，學養俱佳。懇談之下，得其首肯，回想起來，真是未曾預料之下最好的安排。主因是兩年之後（二〇二〇年）新冠肺炎爆發，司徒副院長充分發揮其醫學及免疫學的專業，率領國衛院研究團隊，不論是快篩試劑、疫苗及新藥的研發上，都能嶄露頭角，扮演任務導向應有的角色。

第一次加入國衛院時，即深刻的感受到和當時的衛生署之間如同兩條平行線，沒有交集，這只會造成雙輸的局面。此次重回「東家」，心想，加強雙方的互動與合作應是首要之務，否則任務導向的說法只是空談。

在熟識的蔡世峯特聘研究員推薦下，我敦請當時食藥署的吳秀英副署長擔任主任秘書，扮演和衛福部溝通聯繫的重要角色。爽快的吳副署長一口答應，如今回想起來，的確是最好的安排。吳主秘在中央及地方衛生機構服務多年，清楚衛生單位的思維，她做事劍及履及，為人處事誠懇，有很好的人脈，雙方的溝通互動較之前暢通許多，營造的是雙贏的氛圍。

司徒常戲稱我們這三人行是「軍公教」拼裝車上路，一路走來，雖然之前沒有深交，但同心協力，不存私心，以落實任務導向使命為重，還真是不錯的組合。

在仍未正式上任之前，我和司徒就去拜會衛福部幾個重要的司署，如食藥署、國民健康署、疾病管制署及醫事司等，表達我們扮演衛福部智庫的決心與誠意，獲得很正面的回響。

事後證明，雙方密切的互動是前所未有的，譬如每年衛福部都會提大型科技計畫向行政院爭取經費，國衛院是研究機構，比較熟悉撰寫科技計畫。當時的陳時中部長就會責成國衛院彙集相關司署關切的議題，寫成科技計畫經由衛福部科技組提出，如果獲得通過，便由國衛院負責執行，但過程中一定會邀請相關司署參與，以確保研究成果能落實為政策。

其中，一個具體的例子是建構健康大數據永續平台，除了衛福部，科技部及經濟部也參與，由衛福部主責，國衛院為主要執行單位。

有些司署的經費是需要對外招標審查的，在互信的磐石之下，他們也很樂意委託有審查經驗的國衛院代為執行，確保品質的維護與提升。由國健署執行，利用菸捐並以減低國人癌症死亡率為目標的研究計畫審查，就是一個好的例子。

在拜訪過程中有一小插曲。某一位署長聽到我們很樂意以智庫的身分和各司署合作，便表示當他們開記者會，有一些需要回應的地方，可不可以找國衛院同仁一起出席？

但我當場很客氣地回答可能不方便。主要是因為身為智庫，國衛院是一個獨立的單位，並不隨意為政府「背書」，而是要以客觀及專業的態度提供意見給政府參考，否則，只會失去公信力及智庫該扮演的角色。這位署長聽後欣然接受，之後也從未找國衛院為其背書，但仍保持良好的互動。

五年內四大目標之達成

根據組織章程，國衛院的院長不是專任，而是由年齡七十歲為上限的研究員兼任，也因此，剛上任時，我很清楚只有五年的時間推動院務。

但因為之前在國衛院服務過，對院務及院內的生態已經有一定的熟悉度，因此，上任後我定下了四個目標，希望在五年內完成，為國衛院奠下較深厚且長遠的基礎：

1. 落實任務導向的使命
2. 建立可長可久的制度
3. 爭取穩定經費的機制

4.強化人文素養的薰陶

先從第二點說起，國衛院於一九九六年成立，草創初期，從無到有，重要的是敦聘有豐富經驗的資深學者，讓十位組主任有足夠時間，擬定發展方向，延攬年輕人才，帶領小組茁長。

事實上，當時在吳成文院長的號召下，很榮幸邀請到許多資深學者如彭汪嘉康（癌症）、何曼德（臨床感染）、戴東原（老年）、黃崑巖（論壇）、石曜堂（衛生政策）、黃煥常（醫學工程）、趙宇生（生技製藥）、及熊昭（生物統計）等專家學者擔任組主任，可說都是一時之選。

也因此，在那當下，任期制並非當務之急，但多年來隨著國衛院逐漸穩定的發展，建立研究所所長任期制也是必然的趨勢。我們參考中研院的模式，所長及中心主任一任三年得連任，但除非特殊狀況，以前後兩任為限。

別無他由，因為生命科學發展快速，與時俱進、新陳代謝，是理所當然的。每一任任期將屆，我和司徒副院長會和所裡同仁座談，聽取他們的意見，作為是否續聘的重要參考，讓同仁們感受到他們的意見是受到重視的。

制度建立後，我請當時的司徒副院長擔任每一所/中心的遴選委員會召集人，經過三年多的努力，至少有七位新任主管是從院外延攬。國衛院位居竹南，本就較為偏僻封閉，新主管到來，不但帶給院內新的思維與氛圍，更能促成各單位往上提升。

作為一個研究機構，研究同仁認真的投入是職責所在，但不論多投入，不會改變的是，我們都是社會的一分子，關懷弱勢、縮短城鄉差距、維護大自然的生態等等，也應該是匹夫有責，而不是漠不關心。

初到國衛院，和主秘及秘書室同仁討論，我們成立了一個「人文思學講堂」，每一季廣邀社會賢達，分享他們的經歷與智慧，藉以提升院內同仁人文素養，及對社會的關懷。

我們同時也做了一個決定，保留大禮堂四分之一的座位開放給竹南社區民眾。能在竹南請到有名人物前來演講，本就不易，能開放給地方民眾一起分享，覺得就是讓這個活動變得更加美好。

事實證明，每次的演講，當地的居民，尤其是讀書會成員，都會把握住此一難得的機會，踴躍地報名。對他們而言，能聆聽到如林懷民、嚴長壽、龍應台、陳文茜、吳念真、侯文詠、羅大佑、楊惠姍、方念華、許芳宜、李家維等知名人士的演講，一睹風采且合照留念，是十分珍貴的回憶。

值得一提的是，我當初主持的院務會議中，和大家分享此一構想，原則上在每季最後一個星期三上午十點三十分到十二點舉行。一位資深的院務會議代表舉手發言，表示是否可將時間改在中午時段，這樣子不會影響到上午實驗的進行。我當時心平氣和的回應說，這些演講一年只有四次，且事前都會儘早公布，大家可預做安排、調整時間。

但我的內心感觸很深，以這位同仁之意，是寧可要求林懷民大師中午不吃飯演講，以便配合自己的時間？由此更可見，我們確實是需要更多將心比心的人文關懷了！

至於如何爭取穩定經費的機制，將留到最後一篇討論。主要是作為任務導向的研究機構，如何落實其使命，是首要之務，而這裡又分平時與國家有難之時。

任務導向研究：平時

對學者而言，投入研究代表的是個人的興趣，且希望最後的成果能發揮到預期的「效益」。

但做研究不是為了升等或得獎，當然這些「獎勵」也很重要，代表對自己努力的肯定，希望能再接再厲，更上一層樓，但不應該是從事研究工作的主要目的。

對以任務導向為使命的國衛院而言，研究主要有三種效益的考量：社會效益、科學效益及產業效益。

社會效益強調的是以實證研究的結果，提出政策建言，扮演國家醫藥衛生政策智庫的角色，進而提升民眾的健康與福祉。二〇一九年衛福部發表的「二〇三〇年兒童醫療與健康政策白皮書」，就是由國衛院彙整各相關司署的意見，配合文獻的收集與分析撰寫而成，並作為政府兒少政策推動的依據，是一個突顯國衛院定位的範例。

科學效益指的是轉譯研究，將基礎研究的結果應用在臨床端所產生的效益。其成果經過檢視也可以轉移為政策推動的依據，造福民眾。

當年國衛院接受政府的委託，建立生物製劑廠，生產卡介苗及抗蛇毒血清，提供民眾平日或緊急使用，也突顯國衛院另一無可取代的定位。正因為其定位及特殊的設備，比學術界如大學更接近產業界，進而扮演銜接橋梁的角色，產業效益十分地清楚。

舉例而言，國衛院承接自疾管署轉移的先期腸病毒七十一型病毒，進而成功研發出本土第一個自行開發的疫苗，再技轉至國內兩家疫苗廠商進行臨床試驗，並於二〇二三年通過臨床試驗取得藥證、正式上市，就是一個很好的例子。

國衛院十個所及三個中心的研究各有所司，針對不同的效益發揮其功能，但並不表示不同的單位之間「不相往來」，而是跨所及跨領域分工合作，共同創造出加乘的效益，而這也是我和司徒副院長上任後一再強調的。

舉一個淺顯易懂且貫穿三種效益的例子。四十餘年來，台灣肺癌的死亡率一直居高不下，是一個嚴重的公共衛生議題。美國過去的研究顯示，治療肺腺癌一個主要的藥物艾瑞沙（Iressa），其藥效和一個名為EGFR基因是否突變有關，但在西方人群裡，該基因突變的機率低，只有百分之十左右，因此，服用此藥物無效的居多。

但國衛院分子基因醫學研究所同仁和長庚醫院合作的研究結果卻顯示，在台灣的人群裡，含此突變的比例高於五成，顯示不同種族的異質性，其科學效益不言可喻。

事實上，國人和西方人在此基因突變率的巨大差別，是一個最直接的科學根據，證實東方人和西方人對藥物治療效果不相同時，可以是和基因序列變易有關。未來對於進口藥物療效的評估，本土之臨床試驗結果將更形重要。

健保署也根據此一本土研究的結果，將艾瑞沙從健保給付原列為第三線的藥物，提升至第一線，讓更多肺腺癌的病患能受惠，不僅不必負擔昂貴的醫療費用，對於提升存活率有極大的助益，充分發揮了社會的效益。

在此同時，國衛院生技藥物研究所也注意到因為廣泛使用，造成國內患者對艾瑞沙產生抗藥性的問題。於是，同仁們又投入嚴謹的藥物開發研究，研發出艾瑞沙第四代，成為台灣首個本土自主研發的口服肺癌標靶候選藥物，並進而成立公司推動臨床試驗，期盼獲得國內及美國食藥署的青睞，嘉惠更多病患，而將產業效益發揮到極致。

任務導向研究：國家有難之時

作為衛福部任務導向的智庫，國衛院另一重要使命，就是當國家面臨和民眾健康有關的危難時，我們有義務暫時停止當下的工作，全力協助政府處理危機。

二〇〇五年禽流感來襲，當時的衛生署向羅氏藥廠爭取購買全國百分之十存量的克流感藥物未果，於是國衛院生物製藥組的一個團隊，在夏克山研究員的率領下，十八天不眠不休，破解克流感公克級生產製程，並確認國內有自製一百五十萬人份藥物的能量。

衛生署也得以國家安危較專利為重之由，首開全世界各國政府對抗禽流感，以「強制授權」方式取得製造該藥品技術的首例，而獲得期待的劑量，維護了國人的健康與尊嚴。

二〇二〇年一月，新冠肺炎病毒經由世界衛生組織確認，來勢洶洶，全球陷入恐慌。衛福部即時成立防疫指揮中心，由當時的陳時中部長擔任指揮官，採取關閉邊境的措施，台灣暫時獲得喘息的機會。

在這三年疫情間，國衛院責無旁貸參與防疫的工作，善盡智庫角色，大致有如下三個面向：院內研發、防疫指揮中心研發組執行、AZ疫苗採購。

新冠肺炎國衛院的角色：院內研發

身為研發機構，國衛院即刻思考因應之道。非常難得的，司徒副院長同時有醫學及免疫學的專業，加上之前擔任過國防醫學院校長，我請他主責統籌，初步擬定三個主軸：

1. 破解西藥瑞德西韋的製程，備而不用。
2. 研發新冠肺炎快篩試劑，以備疫情爆發之需。
3. 建立新冠肺炎疫苗四種平台，作為預防之用。

美國吉利德公司（Gilead）擁有的瑞德西韋藥物，首次被用在一位西雅圖病患身上，其療效在二〇二〇年一月發表在新英格蘭醫學期刊，一炮而紅。想到可能重蹈當年買不到克流感的覆轍，國衛院生技藥物研究所在二月五日過完年取得部分原料後，立即開始進行瑞德西韋毫克級合成，在兩位「國產」博士帶領下，不眠不休，日以繼夜，於二月二十日清晨，僅以十五天的時間完成，更在五天之後完成公克級的合成。

很巧的是，蔡總統當天下午照原定計畫至國衛院視察，在得知此一消息之後，當場經由隨行的媒體和國人分享，在人心惶惶之際，適時的發揮安定民心的效果。

在疫情起伏中，國衛院再次與國防醫學院預防醫學研究所共同合作，利用當年

SARS病毒抗體為基礎，選出可辨識新型冠狀病毒的抗體，投入新型冠狀病毒快篩試劑的開發。

二〇二一年十二月，也與基龍米克斯生物科技公司簽約，共同開發新冠抗原免疫快篩試劑，並在次年由食藥署緊急授權核准，在台灣突然升高的疫情中，再一次讓民眾安心。

同時，我們也馬不停蹄地投入新冠肺炎疫苗開發計畫。因為是新的病毒，所知有限，感染與疫苗研究所利用現有技術平台與生物製劑廠的生產能量，推動胜肽疫苗、DNA疫苗、重組病毒疫苗及次單元疫苗等四大疫苗開發平台。最後，選定DNA疫苗作為後續疫苗開發主軸，一則是其動物實驗結果較好，二則和國光及高端使用次單元有所區隔，避免將所有雞蛋放在同一籃子裡。

不久前，國衛院同仁告知此DNA疫苗已通過台灣食藥署申請，可以開始進行第一期臨床試驗。目前看來，mRNA（信使核糖核酸）也是主要的趨勢，經由DNA疫苗的研發，國衛院現在已將mRNA平台建立起來，以備未來之用。

如今，回顧三年的全球疫情，有兩個心得和讀者分享。

首先，是全球的疫情能夠獲得控制，沒有一發不可收拾，疫苗的接種扮演重要的角色。儘管，仍無法做到百分之百的預防，但確診後重症、甚且往生得以避免，和疫苗的施打有密切的關聯。

而過去這段期間，台灣疫苗的對外採購一直困難重重，以後仍可能如此，因此，從長遠看，疫苗自製的能力會是一個重要的關鍵。這次，政府願意提供經費扶持國內疫苗工廠進行研發，及國衛院生物製劑廠的擴建，是很值得肯定的。

其次，學術界對接受媒體採訪一向持比較保守的態度，所以難以讓大眾了解我們的存在，國衛院同仁也不例外。其實，如何以較淺顯的語言經由媒體，將一些成果和民眾分享，也是我們的責任之一。

疫情期間，我就做了一個決定，鼓勵同仁們主動接受媒體採訪，一方面藉此機會讓國人更加了解國衛院的存在與任務，同時，也讓大家知道我們背後的努力，以安定民心。我和司徒副院長接受TVBS電視台方念華女士主持的「看板人物」訪問，就是一個例子。

新冠肺炎國衛院的角色：防疫指揮中心研發組

二〇二〇年二月二十七日因為疫情嚴峻，防疫指揮中心從衛福部升級至行政院一級開設，仍由陳時中部長擔任指揮官。

三月九日，我接到通知和陳指揮官見面，他表示，除了原先的八個組如疫情監測、邊境檢疫及社區防疫等，要再增加兩個組，其中研發組責成我以國衛院院長身分擔任組長。事不宜遲，我四天後即召開第一次會議，爾後每周一次，前後一百三十餘次，歷歷在目。

研發組集合中研院、工研院、國衛院三個國內主要的研究機構，同時還有經濟部，科技部、衛福部三個部會，下面分為快篩檢測、疫苗、藥物及流行病預測四個小組。除此之外，還成立了技術支援平台小組，協助國內產學研界提供臨床及臨床前檢體進行快篩試劑及疫苗研發的工作。

除了適逢連假，每個星期一下午，每一個小組都要做國內外最新文獻探討報告，之後進行討論，並在第二天的防疫指揮中心會議裡，我將結論提出政策建言供指揮中心參考。

其中，研發組的學者代表是台大醫學院陳培哲院士，他每次都提出批判式卻具有建設性的建議，讓我們的建言更具體可行，令人感佩。我很榮幸自己躬逢其會，讓研發組發揮其預期的功能，也讓大家對國衛院扮演智庫的角色有更深入的了解、肯定與期待。

過程中，也有一段插曲值得記載。疫情期間許多業界都想投入快篩試劑的研發，但對把關的財團法人醫藥品查驗中心（簡稱CDE）而言，緊急使用授權（EUA）是新的規範，大家都在摸索如何處理。

在剛開始的會議上，具有輔導業者任務的經濟部代表和CDE的代表每次都花很多時間溝通，成效不彰。我於是建議，另外安排一個時間並親自主持，請經濟部代表條列出業者關切的要點，讓CDE同仁逐條回應，很快的獲得解決。

關卡打通之後，CDE在把關的同時，更是前所未有的和業者定期會面，除了檢驗當時的進度，還提醒業者下一步要注意的事項，「超前部署」以便在把關不妥協的原則下，加快審查的速度。

「公私協力」是全球的趨勢，這是一個很好的例子，也期盼即使在疫情結束後，這種創造雙贏的氛圍能持續下去，讓更多的業者與百姓受惠。

凡事存乎於一心，做與不做，常在一念之間，如果能以百姓為念，一切都顯得自然了！

新冠肺炎國衛院的角色：AZ疫苗採購

二〇二〇年新冠肺炎疫情嚴峻，全球疫苗大廠及學術機構紛紛投入疫苗研發的工作，並經由緊急授權的機制，積極進行臨床二、三期的試驗。

其中，英國牛津大學的團隊以腺病毒載體原理研發出新的疫苗，並在英國政府授意下，技轉給英國的阿斯特捷利康公司（英文簡稱ＡＺ），並要求在疫情期間，只能以平價出售，而不能有買賣的行為，受到世人的敬重。但因為ＡＺ公司本身並非以研發或製造疫苗為主軸，為因應全球可能的大量需求，因而積極尋求在全球不同國家設廠，以利大量生產。

二〇二〇年七月五日接到友人訊息，一位去國多年在牛津大學任職的黃教授，希望能協助台灣和ＡＺ公司牽線，安排在台設廠生產的可能性。第二日，我向陳部長回報，他立即請食藥署盤點國內具有生產疫苗能量的公司，經檢視後，台康公司率先表達協助政府爭取的意願。

但在此同時，黃教授表示，因為牛津大學是學術機構，希望台灣的對口單位也是。秉此，陳部長責成身為非官方財團法人的國衛院為負責單位，我即刻組成一個五人工作小組，含國衛院司徒副院長、感染與疫苗研究所廖所長，疾管署負責疫苗的江副主任，以及台康公司劉理成總經理。經由黃教授的安排，在七月二十二日晚上，我們和ＡＺ公司亞洲總部的負責人 Jasper Meyns，以視訊方式進行了第一次對談，也開啟了之後我和 Jasper 之間多次坦誠的對話。

當晚的會議十分順利，Jasper 對台康的報告印象十分深刻，但也隱約指出生產數量的重要性。往後數周的對話都十分正向，但八月十一日，我接到 Jasper 單獨的郵件，表示因為全球最新臨床試驗的結果顯示，每人要打兩劑才有效，需求量因此必須加倍，然而，以台灣當時生產規模的能量，希望很小，但他們願意和我們談預採購（procurement）。經向陳部長回報，我們也於八月十九日回覆表示，願意預採購一千萬劑。

接下來，是雙方進行合約的討論，我向當時的疾管署周署長表示，因為簽約的是疾管署，國衛院的任務已完成可退出了。周署長很客氣的表示，由於過去期間我和 Jasper 建立了良好的互動，希望我能繼續參與。在盛情難卻之下，雙方開了好幾次會議，除了疾管署，臨床及法律專家都有出席，最後在十月底定案，過程中，疾管署相關的同仁十分的辛勞、盡責。

也是在那時候，陳部長要我表達，希望在二〇二〇年底前，AZ 公司能先提供一百萬劑疫苗給三十三萬醫護人員及十四萬防疫人員接種。Jasper 很坦誠的表示，英國本身都還欠缺，有其困難。

但沒想到的是，Jasper 一直把這件陳部長關心的事放在心上。二〇二一年三月三日一大早，Jasper 第一時間親自來電告知，當時有十一萬七千劑 AZ 疫苗正從韓國經韓航運往台灣，並希望我們能保持低調。

台灣終於也有疫苗了！這件事在當時有其重要性，主要是二〇二一年初，歐美先進國家及日本已陸續開始施打疫苗，而台灣仍然沒有著落，人心惶惶。十一萬的數字雖然不算多，但每天的記者會上，防疫指揮中心不必回答什麼時候會有，而是這些疫苗如何分配施打，對當時民心的安定起了關鍵性的作用。我對 Jasper 的情義相挺，衷心感激。

回顧既往，很榮幸我們國衛院在疫情期間，除了疫苗的研發，在對外採購上也能盡份心力。我和 Jasper 在那一年多的互動裡，深深地感受到互信的重要，而這互信就是建立在雙方坦誠以對的基礎上。

籌建生物製劑二廠

國衛院的生物製劑廠平日生產卡介苗及抗蛇毒血清，部分產線提供給國內疫苗公司生產之用，在此次疫情期間，也發揮其「戰時」的效用。

舉例來說，國衛院的P3動物實驗室是國內唯二的實驗室，另外一個隸屬於國防醫學院，各有其不同的使命。也因此，當國內產學研機構在和新冠肺炎有關，不論快篩試劑、疫苗或新藥的研發，都處於排隊狀態下，而且連國衛院同仁也不例外，對國家整體新冠肺炎研發的進展，有很大影響，可說到了捉襟見肘的地步。

雖然，我的領域是公共衛生，用不到實驗室，但很清楚看到，作為國家任務導向的研究機構，我們必須未雨綢繆，儘速擴建現有的生物製劑廠，以備未來新興感染疾病來襲之需。

在二〇二〇年四月十四日星期二這天每周的例行簡報後，我請製劑廠同仁提供為何需要擴建的說帖，並評估所需經費。數日後的回報是，興建需十九億、設備則是二十三億，總計共四十二億。

問題是經費從那裡來？我第一位想到的是尹衍樑先生。在陽明擔任校長的時候，他的善心嘉惠了許多的醫學系學生出國作長、短期深造，開拓了他們的視野，也為國家培養一流的研究人才，令人感佩。

於是，在周末請託好友，當時的台北榮總張德明院長，約了去拜會尹先生。很快的，在四月二十日星期一的傍晚，張院長來電說尹先生願意和我見面。過了十分鐘，張院長又再來電，尹先生說怎麼可以讓梁校長去見他，於是他安排在兩天後餐敘。

由於當晚張院長有門診，他請和尹先生很熟的北榮陳威明副院長作陪，我和司徒副院長一起出席。席過中巡，尹先生很客氣地說，聽說梁校長有事找他。我將國衛院面臨的處境及未來的展望略做解說，尹先生接著問經費多少？在我回答之後，他馬上答應捐二十億給國衛院做興建的費用，並期盼保持低調，這是尹先生一貫的作風。

餐敘之前，我們其實完全不知道尹先生的想法為何，但這確是一個令人難忘也無法想像的回應。除了制式性的說聲謝謝，內心的激動與澎湃難以形容，只能說國衛院何其有幸，在尹先生的支持下，能為國家在防疫上做更多的貢獻。

接下來，我將這一訊息向陳時中部長轉報，並請示下一步如何走。當時，執政黨正面臨內閣改組，而公建工程是隸屬於國發會管核，陳部長建議等五二〇新內閣上任後，再邀新任龔明鑫主委到國衛院竹南院區參訪。六月九日，兩位蒞臨國衛院，生物製劑廠劉仕任主任做了十分完整的簡報，幾次實質的問答之後，龔主委點頭，建議提出計畫書的申請。

離去前，龔主委很客氣的詢問是否方便透露捐款的善心人是哪位？經告知，龔主委說，大概也只有尹先生會這麼做。

計畫書經衛福部審查後，於二〇二〇年十二月送國發會，經過跨部會兩次來回嚴謹的審核，在二〇二一年四月十九日通過送行政院，又在行政院李孟諺秘書長協助下，正式批准的公文於十一月送至國衛院，開始進行招標的作業。

二〇二二年俄烏戰爭爆發，造成物價上漲且缺工，我們不得不提出追加預算，也在國發會同仁及李秘書長的協助下，在我十二月五日卸任之前，正式批准二十八億的預算追加，算是了一件心事。

在國衛院總辦事處同仁辛勤的努力之下，二〇二三年十一月十二日，在竹南院區正式舉行了動土儀式。我也期盼早日完工，以成為台灣防疫一支強有力的生力軍。

回想整件事，如果沒有尹先生的鼎力相挺，大概不會發生。尹先生的善心、引發出的動力，真是無可抗衡、水到渠成。

也記得，在前後兩次國發會召開的跨部會會議中，所有與會的官員都同表支持，並一再表示希望能早日動工完成，為國家發揮其功效。而這又是另一公私協力的案例，以民為重的具體呈現！

凡事存乎於一心，做與不做，常在一念之間，如果能以百姓為念，一切都顯得自然了！

20

鍥而不捨、當仁不讓

國衛院成立之初，其實曾討論過應隸屬於哪個政府機構？如同中研院直屬於總統府，或隸屬於當時的衛生署之下？

經過討論後，決定採取後者，主要是因為國衛院的定位與使命，和衛生署息息相關，如此互動會更直接、頻繁。也因此，國衛院的董事長，除了一小段時間，都是由衛生署長或現在的衛福部長同時擔任。

事實上，無論隸屬哪個部會或機關的抉擇，都見仁見智、也各有優缺點，但都已成過去。國衛院當前最重要的一個嚴峻挑戰是：經費的穩定性。這個議題，在我初次到國衛院時是如此，第二度回國衛院仍如此。

發生的原由，是因為在目前的框架下，作為政府智庫的國衛院經費來源，幾乎全是來自科技預算，以科技計畫來呈現。

在這種狀況下，不像國立大學，教職員的人事費在教育部裡是分開編列的，國衛院的人事費用是含在科技預算裡。也因此，一旦預算遭到刪減，人事費用就受到同樣的影響。

且因為所有財團法人的經費，最後都必須通過立法院審查，因此，國衛院在行政院及立法院都會面臨被審查，難免遇到「剝兩層皮」的情況。在這種氛圍下，經費的不穩定，將直接影響到研究進展的不穩定及其品質，特別是對攬才、留才都是威脅。

以瑞德西韋合成為例，生技製藥研究所同仁平日做的是癌症及其他慢性疾病藥物研發的工作，疫情期間，對他們而言，用的技術及設備大致是雷同的，只要做些許的調適，包括欠缺原料的合成，就可上手了。而這顯示的，就是「養兵千日、用在一時」的概念，特別反映出經費穩定對人才培育與留用的重要性。

行政院審查：維運計畫的概念

一般而言，來年的預算，會在今年初經由衛福部送國科會第二季時審查，但因審查委員泰半來自學界及業界，對國衛院任務導向之特色及人事經費的編列狀況並不清楚，常常動輒大幅刪減，影響甚鉅。

經過數年之努力，我們提出「維運計畫」的概念，這含基本運作所需之基磐計畫及政府責成國衛院執行的計畫，前者含人事、如水電之營運及研究員固定的研究費用，後者含生物製劑廠、蚊媒傳染病防治中心等。我們的建議是此類計畫，事關國家任務執行的基本營運，不能輕易刪減，以保持其穩定性。

這個想法，獲得國科會林敏聰副主委員全力的支持，主要是這和他對基礎架構穩定性重視的想法是相吻合的。我的了解是，目前也已在執行中，實乃國衛院之福，也要感謝林副主委的「雪中送炭」。

立法院審查：統刪的夢魘

行政院審完之後，又要在下半年度送到立法院做最後的審定，才算定讞。而以過去八年的經驗，因為全國預算的計畫數過於龐大，立法院不會逐案審，而是根據行政院的核定數以「統刪」的概念進行，每年不是刪四%就是五%。以國衛院而言，在人事費近百分之五十的情況下，五%的統刪相當於十%研究經費的刪減，要求經費穩定，近乎是奢求。

我上任後，曾數度拜會行政院主計總處，希望至少在人事費用上免除統刪。但朱澤民主計長很坦白的表示，國衛院的預算是屬於「獎補助類」，而屬於此類的其他計畫之預算，都是以人事費為主，實在是窒礙難行。

但主計長了解我們的困境，而他一向對研究單位的預算都十分樂意支持，也認為這是國家立足長久之道。也因此這幾年來，即使我已卸任，他仍想盡辦法幫國衛院解決此一問題，我是由衷地感謝！

特別預算的爭取：全力以赴

疫情期間，政府分幾次編列特別預算以因應。國衛院也積極的進行新冠肺炎疫苗及藥物的研發，但因為是額外的工作，所費不貲，原有的經費不足以支應，也因此提出特別預算的爭取。

二〇二一年八月某日，學發處同仁通報申請沒有通過。院內的決策小組同仁認為大概也就是如此了，但我抱的是不同的看法：凡事要問是否已盡全力，如果是對的事，就應努力爭取，不論最後結果如何，總是問心無愧。

於是我和朱主計長通話，說明支持這兩個計畫的重要性，而且會是特別預算的亮點，他聽後表示願意保留。很巧的是，第二天是行政院跨部會的討論，就特別預算的分配做最後的定案。經向陳部長反映，他責成當時的薛瑞元次長出席會議代為爭取，經過兩位的支持，國衛院提出的三點五億預算獲得通過。

之前提到，感染及疫苗研究所研發的DNA疫苗，就是因為此一預算的補助，終於獲得食藥署的通過，可以進行臨床試驗。每想到此，特別要感謝主計長及衛福部兩任部長的支持。

以上所列舉的三個事件，行政院審查，立法院統刪及特別預算爭取，原由雖然不同，但從我的角度來看，有一共同點：就是凡事只要鍥而不捨，並以誠懇之念多做溝通，事情總是會有轉機的。

二〇二二年十二月五日，從國衛院卸任，我寫了一封信和國衛院同仁告別，除了表達五年共事感謝之意，我並用以下十六字和同仁們共勉：

待人以誠，互敬互信。

鍥而不捨，當仁不讓。

佇足回首，我相信當初訂下的任務導向、穩定經費、建立制度及人文素養的四個目標，應已大致完成而問心無愧……。

只要有一絲機會，我都不會輕言放棄。
只要不放棄，或許就能得到對方的信任；
只要鍥而不捨，終究會做出一些成績。

第六章

家庭教育的重要

——回歸本心，不忘初衷

21 我的家世

我在做「對」的事情上，當仁不讓、據理力爭，並且鍥而不捨，但在處理事情上，願意放軟身段、態度溫和，這可能是來自於母親。

回想我的家教，母親始終是扮演黑臉的角色，而父親則自然是那個白臉……。

家父曾是廣東、廣西電報局長，創立桂林和南寧中學

家父梁式恆先生出生於民前二十一年農曆十二月二十九日，在他十五歲那年，家鄉發生瘟疫，導致父母往生。年少的他，頓時失去了庇護，為生活所迫，只能輟學到廣東電報學堂就讀。

接著父親從基層做起，然後一直做到廣東、廣西電報局長。一九九七年，我到香港大學演講，永銚在港大的圖書館，從好幾個地方縣志（番禺、襄陽、恩施等）裡，

找到我們倆的爸爸曾經有的「豐功偉績」。譬如說，家父曾創立廣西桂林中學及南寧中學，並擔任董事長，南寧中學似已不存在，桂林中學則改為桂林第七綜合中學（初中及高中）。

父親跟元配生了十二個孩子，次子十幾歲時因病過世，後面還有幾個女兒送給別人撫養，最後留下了五個哥哥和兩個姊姊。我媽媽跟父親相差二十歲，她只生下我和哥哥一對雙胞胎，我家算是一個大家庭，但哥哥姊姊年紀跟我們相差懸殊，他們許多孩子年紀都比我跟哥哥大，從小，我和雙胞胎哥哥就是生活在這樣有趣的環境當中。

來到台灣之前，爸媽曾在香港住了兩年，到台灣後，父親便退休了。當時，已屆耳順之齡的父親，悠然過著隨心所欲的日子。在我們的眼中，他是一個愛吃肥肉，被妻子稍微提醒、還會發脾氣罵人的長者。但他也會帶著我和哥哥，乘著三輪車去看當時長達三小時的電影《最長的一日》，只是他在電影院放映沒多久，就呼呼大睡了。

他待我們如孫子，一切自然行事，我和哥哥都知道他最喜歡聽什麼答案，每次都以將來要當工程師來讓他開心。只是，最後哥哥念了丁組，考上台大商學系工商管理組；我念甲組，進了清大數學系，兩人都沒能如父親所願當上工程師。

跟著家裡一起到台灣的，還有一位褓姆蘭姐，她對我們的照顧，完全視如己出。退休後的父親，靠著跟他的一個弟弟在香港開設酒莊，並交由一位鄧先生幫我們經營，每年匯點錢過來支援一家生活，家境其實並不好。

母親傳統三從四德女性，「自我」永遠是最先放棄的東西

我的母親吳素芳女士，生於民國元年農曆七月二十三日。她最在乎的，就是我們生活上的紀律，她每天早上先規劃好一天三餐要煮哪些，然後上市場去採買。她很注意我們有沒有好好睡覺、有沒有攝取足夠的營養，她能管我們的，就是生活。

媽媽處在這個人口眾多的大家庭裡面，非常不容易。我們曾和一個姊姊及姊夫同住過一段時間，但那個姊姊對媽媽並不友善，使得媽媽必須忍辱負重，表現出傳統女性的溫良與卑微。她寡言但善良，重視我和哥哥的生活起居，在課業上又擔心我們趕不上，就讓我們去補習。

母親相當保守，也持續遵循著女性要有三從四德的古訓。我看到傳統壓在她身上的那種不平與委屈，遭到父親責罵時，總是默不作聲靜靜承受。我出國多年，也從未聽她向我抱怨、嘮叨人子的責任。

所以，在國衛院擔任副院長那三年，我想，是她最愉快的一段時間。那時，媽媽已年過九旬，我跟她住在泰順街一樓老家裡，哥哥一家四口住在同幢建築的四、五

樓，對媽媽來說，一個孩子去美國那麼久，現在兩個兒子又都在身邊了，雖然她年事已高，生活中她依舊是媽媽。

母親知道我喜歡吃魚，她會親自去龍泉傳統市場挑新鮮的魚給我吃；看到我在家裡做事總盯著電腦看，也會走過來提醒我：「不要看那麼久，對眼睛不好。」聽著聽著，都覺得好笑，我都五十多歲的人了，她還像對小孩一樣待我。

二〇〇六年，也就是我擔任國衛院副院長的第三年，永銑想在ESOL教學這條路上走得更專業，決定回到校園，再念一個學位，於是，我又要回美了。對於我的離去，媽媽沒有任何一句話，我知道她心裡有所期盼，但始終也沒有說出來……。

父母親那一代，因戰亂奔波到香港，再從香港到台灣，顛沛流離的生活，使得他們總有深深的不安全感，內心也很矛盾，一方面鼓勵孩子們出去展翅高飛，但內心深處又盼望兒孫圍繞身旁。

然而，拖住孩子的情緒話，她又說不出口，完全做到為家庭奉獻犧牲。有什麼好吃的東西，必定是丈夫先用，然後給孩子吃，最後才輪到自己，看在我眼裡，充滿對她失去自我的心疼。但「自我」之於她，永遠是最先放棄的東西。

雙胞胎哥哥一肩扛起養生送終家庭重責，讓我離家無後顧之憂

我和雙胞胎哥哥賡仁，出生時只差五分鐘，但我倆個性卻大不同，我積極、好勝、企圖心強；他則溫和、冷靜、穩重。在華人傳統社會裡，作為兄長，角色還是不一樣，雖然上有很多同父異母的兄姊，但對我母親而言，他就是老大，心裡還保有對老大的期望。

其實，父母並沒有要求我們一定要擔負家庭責任，但哥哥有身為長子的自覺，主動承擔了照顧家庭的重責，讓我離家這麼遠而沒有後顧之憂。

我和哥哥從新民小學幼稚園開始一直同班，初中考上同一所大安初中，又編在同一班；直到高中才分開，賡仁考上師大附中，我考上成功中學。我們從小一起長大，彼此是對方最好的玩伴。比起他的溫和穩定，我則不時出一些狀況。

小時候，有一次家裡來了一個上門按鈴送東西的人，蘭姐去應門時，不知怎麼的，可能覺得對方對她不太客氣，我頓時火大，當場和那人理論起來，嚇得蘭姐趕快把我支開。當預官時，又不知道為了什麼事情跟長官槓上，氣得長官揚言要關我禁閉，而且要把我關到完蛋為止。

光是腦震盪，我就遭遇過兩次。第一次發生在高三上學期，當時我被媽媽抓去老

師家補習，補習完騎腳踏車回家路上，遭一輛摩托車撞上，當場昏了過去。後來，我被送到台大醫院急診，半夜醒過來就嘔吐。出院後還到療養院住了一個月，當時，正是準備聯考的緊要關頭，學校的物理課已經讓我上到頭疼，現在又受了傷需要休養，我請媽媽把書帶到醫院給我看。但我只要打開書本，便覺腦袋暈眩沉重，根本無法集中注意力。

到了大三參加梅竹賽，我跟對方守門員撞在一起，然後球彈到隊友面前，讓隊友起腳射門得分，也算是助攻吧。但回到中線後，教練看我腳步搖來晃去，球到我旁邊也視若無睹，感覺不妙，立馬讓我下場送醫。記得我在車上還頻頻問陪我去的同學，比賽現在幾比幾，問完後就腦袋一片空白，接著又再重複問，暫時失去了記憶力。

哥哥看我的個性，念數學的非黑即白，加上一張喜怒形於色的臭臉，留在台灣當公務員，一定會得罪人，所以，他鼓勵我出國。

父親過世時八十八歲，我人在美國，家裡還有母親及蘭姐，都是哥哥一肩扛起養生送終的重責大任。而我們在美國買第一個房子時，資金尚有不足，也是哥哥那時股票做得不錯，靠著他和岳母給予我們一部分經濟支持。他知道我想回台灣，也是他在報上看到陽明大學刊登校長遴選的廣告，趕快來告訴我這個機會。

兄弟之間感情好，必須彼此相互付出。媽媽過世後留下的老家，我跟兩個孩子說，那個房子是屬於伯伯的。哥哥真的對媽媽、蘭姐和我們盡到他當兄長的責任，蘭姐生病住院時，他也是二話不說去陪住照顧。我們家族有一個Line群組，群組的靈魂人物就是哥哥，那些年紀都比我們大的外甥、姪兒，他們的戶籍不但設在哥哥家，什麼家族活動都由哥哥主持，因為他就是對整個家族最熟悉的人！

哥哥在銀行工作，但他不愛應酬，也不喜歡為了衝業績而去做某些事情。有一陣子他工作壓力很大，我們都覺得他情緒不太對、而有一點擔心。後來，他抓住兩家銀行合併時一個不錯的方案，毅然決然辦了退休，當時才五十幾歲。我們都為他擔了一陣子心，後來，發現他適應得很好，每天騎腳踏車穿梭來去，和嫂嫂張慧蓮老師全心照顧媽媽跟蘭姐。

回來當國衛院副院長那三年，我們兄弟多了在一起的時間，有時，我開會應酬回家晚了，他會陪我到外面吃吃宵夜聊聊天。我在陽明當校長時，曾寫信給學生，耳提面命大家要注意安全、要守法。有一天，我跟哥哥走在路上，遇到等紅綠燈時，我耐不住要過馬路，他跟我說：「你不是說要守法嗎？」有時，我也開玩笑說，遇到演講開會分身乏術時，我還有一個分身可以替我出席……。

儘管，我們在不甚優渥的環境中成長，但慶幸擁有父母之愛與手足之情，我們懂得為對方著想，彼此之間也有許多話題可以聊，沒有發生有些家庭在父母身後，為了分家而鬧到傷和氣的狀況，也沒有出現通俗劇中，家人關係雞飛狗跳的情形。

看著我們的下一代，兩個兒子兆綱兆維與哥哥生下的一對雙胞胎兄弟兆凱兆鈞，雖然身處美國不同城市，也會相約一起過節或是一起回台與父母團聚。

回顧過往，雖說和父親的緣分從他六十歲才開始，但是我非常感念由爸媽那裡仍然得到了一份既珍貴且完整、卻和別人稍有不同的父母之愛。

父母親那個時代，因戰亂奔波，流離中總存在深深的不安全感，內心也有所矛盾，一方面鼓勵孩子們出去展翅高飛，另一方面又很期待兒孫能夠圍繞身旁。但拖住孩子的情緒話，卻始終說不出口。

22

我家的雙語教育

我和永銑在美國南卡羅萊納大學（University of South Carolina）相識，那年我二十六歲，正要完成南卡大統計碩士學位的學程；永銑二十三歲，才正要開始上新聞研究所的課。

當時，我已申請到華大念生物統計博士班的獎學金，於是永銑又配合我改申請到西雅圖華大念比較文學碩士班。一九七八年耶誕，我們在阿拉巴馬親戚申華和香川家舉辦了一個小小的、卻十分溫馨的訂婚儀式，次年即返台結婚。

在西雅圖念研究所時，課業很繁重，我三年拿到博士學位，但直到進入約翰霍普金斯大學工作後，才敢開始規劃迎接新生命的到來。還沒生小孩前，永銑其實已在腦中思考，將來我們的孩子一定要接受東西兩種文化的洗禮。

舉一個永銑如何超前部署的例子，那時大學裡的書店，每半年有一次很大的折扣銷售，她就準備將來要徹底將閱讀這件事融入日常生活中。趁機買了人生第一本、第二本的英文繪本，一本是 *Petunia*，一本是 *Our Veronica goes to Petunia's Farm*，作者都是 Roger Duvoisin。

永銧在家裡創造中文環境，讓孩子熟悉自己的母語

一九八三年，我在霍普金斯工作的第二年，長子兆綱出生。兆綱還在媽媽肚子裡時，永銧就找出了一本唐詩三百首，對著肚裡的小寶寶念起來。

可能讀得多了，也聽熟了，兆綱小時候有一天，我們三人躺在床上，永銧很自然地才開始念「春眠」，便聽到一個小小的聲音接著說「不覺曉」，我倆簡直驚喜若狂，就這麼將「床前明月光」、「白日依山盡」、「千山鳥飛絕」等一首首平日常念的唐詩全都複習了一遍，兆綱也都順利完成複誦所有詩句末三字的使命。

這個經驗，讓我們見到孩子的無限潛力。只要我們用心引導，孩子必然能夠接收得到。

現在，唐詩朗誦正沿用到我們的孫子睿睿、昊昊身上了。永銧甚至開始寫起以漢字為基礎的創意詩。譬如「愛」、「大小」、「上下」、「紅橙黃綠藍靛紫」等等，都是創意的取材來源。有時還中英並用，相當有趣！

永銚這個唐詩計畫甚至也推廣到了朋友孩子身上。前不久，我們搭一對台東熱心友人夫婦勇志及 Amy 的便車，車上坐了他們十歲的么兒向輔，那天是春節假期，台東的台十一線塞爆了，不知怎麼地，就和朋友的小兒聊起了他會背馬致遠的〈大淨沙〉。

永銚一時興起，便詳細解釋這首詩多麼有趣，整首詩用的幾乎都是名詞：枯藤、老樹、昏鴉，小橋、流水、人家，古道、西風、瘦馬，最後兩行就是兩個敘述情景：夕陽西下，斷腸人在天涯。而詩人就是這樣描繪了一幅風景畫，讓讀者如此去體會。

永銚甚至鼓勵小朋友試著去畫下來詩裡的風景，之後，小朋友的媽媽告訴我們，她兒子回家後真的嘗試畫出來了，非常令人欣慰！如此這般學中文，是不是很有意義？

在家裡，我們一定跟孩子講中文，永銚讀了許多中文故事給兆綱、兆維聽。當時，家裡買了很多中文繪本和故事書，有的書皮都已經翻到破了。其中，有一套聯經出版的《晚安故事 365》，一日一則，我們通常每晚會念好幾則。我們這樣做，是希望讓孩子從小生活在中文的語境之中。

有人擔心在家裡講中文，孩子去學校會不會跟不上？在美國，幼稚園只有一年，是孩子滿五歲時，進入小一之前的一個學程。三、四歲的孩子去上的叫 preschool。

兆綱到了三、四歲，我們每星期讓他去 preschool 幾天，跟不同小孩接觸。剛開始也擔心他是否能適應？但小孩子適應力比我們想像得強多了，大概兩、三星期之後，兆綱就和班上的小朋友打成一片了。

花費心力親子共讀，落實雙語教育理想

美國有一位作家 Shel Silverstein，寫了很多給小朋友的詩，最有名的一本是《閣樓裡的光》（*A Light in the Attic*），帶著無厘頭及荒謬的詩，讀來趣味盎然，孩子們很喜歡。

每念完一首詩，通常加上翻譯，母子兩人會就著詩開始各做各的評比，這首詩你給幾顆星，我給幾顆星，玩得不亦樂乎。有時，也跟孩子玩中文接龍遊戲，你說一句然後我接一句，通常就會創造出一個不可思議的荒謬故事，這也是我們很愛玩的遊戲。

一九八七年，兆維出生後，我們變得更忙，永銑也無法像只照顧兆綱的時候，把所有時間都給兆綱一人。於是，她將很多故事錄下來，製作成錄音帶，所以兆維房間裡有一整盒的錄音帶，其中包括孫越叔叔講故事，吳姐姐說歷史等等。就這樣，兆維自己聽了很多錄音帶，雖然有一點差別待遇，但聽著聽著，有一次他還跑來問媽媽：「歐陽修是誰？」讓永銑驚喜不已。

雖然我們花費了很多時間、心力在孩子的中文教育上，但這並不表示對他們的英語能力就放牛吃草了。只是他們身處英語環境，學英文的資源豐富。孩子小的時候，經常到圖書館借一堆書，去書店也選購了許多繪本、詩集。重要的是，我們讓孩子感受到，在閱讀這條路上，無論是中文、英文，爸媽是百分之百地鼓勵、支持與陪伴。

現在回頭翻看那些他們曾經讀過的繪本、chapter books，或詩集，非常有趣，可以見到兄弟倆小小的競爭意味。兆綱讀完整本 E. B. White 的 *Charlotte's Web* 之後，在封底記錄：「Dec. 25, 1990, I finished a 184 page book! (Jason)」五年後，兆維在下面接著寫：「September 25, 1995, I finished this book in 5 more years. I mean 5 years later dood. (Kevin)」

兆綱念完 E. B. White 另一本經典之作 Stuard Little 之後，永銚幫他記錄：「On January 5, 1991, Chao-Kang Jason Liang finished reading this whole book!!!」五年後，兆維又在下面接龍，他自己寫的：「On January 7, 1996, Chao-Wei Kevin Liang finished reading this book!!!!」

等孩子大了，已培養很好的閱讀習慣，真的可以放牛吃草了。這時候，父母就可以跟孩子像朋友般一同閱讀一本書，一起討論這本書。永銚舉例她曾和兆維一起念陳達（Da Chen）所著 *Colours of the Mountain* 一書，母子邊看邊討論書中的內容，其樂無窮。

關於閱讀，已經說了許多，然而閱讀的重要、閱讀的美妙，又彷彿可以說：盡在不言中。

至於中文學校，在美國雙語教育的學習過程中，扮演了極為重要的角色……。

結合漫畫、書籍、流行歌與生活的語言課程，讓孩子找到學習動機

一九八八年秋，兆綱正式進到哥城中文學校幼兒班，從此高老師（永銑）也跟著一頭栽進哥城中文學校的學務與教務當中。為了吸引孩子們上中文學校，這位高老師真是用盡十八般武藝，她總絞盡腦汁規劃許多課程及活動，全心全意想著如何讓中文教學多一點活潑生動的元素。

為了吸引孩子來中文學校，她與老師們一起設計了「點券卡」制度，針對孩子們上課時的表現，發給學生點券，然後準備很多糖果、小玩具等禮品。於是，就會看到學生們下課鈴一響，個個手握一疊點券小卡，圍在換獎區，仔細思考著他們想要的東西。

永銑以僑委會提供的課本做基礎，並結合流行與生活，讓孩子覺得有了學習動

機。

有人說「教學相長」，真的一點也沒錯，永銧之所以將周杰倫的流行歌曲和DJ Thomas魏巍的Rap帶到中文學校，還真要感謝兆綱，因為，這兩位的作品全都是兆綱暑假回台灣時，聽到飛碟電台的播放以後，請媽媽一定要找到他們的CD或錄音帶，永銧則是使命必達。

只要兒子能經由任何管道學中文，媽媽就盡力滿足他的要求。最早，是兆綱在一次回台時，偶然聽到有人竟然用Rap在「講」他聽得懂的話，而且還超級好笑的內容，「不知道DJ從小到大，有沒有在游泳池裡小過便、小過便⋯⋯。」兆綱聽到了，還聽懂了，就立馬請媽媽一定要找到這個錄音帶。

媽媽上天下海，真買到了。後來，DJ Thomas魏巍這個錄音帶傳遍整個大華府地區的中文學校，不過，傳著傳著錄音帶就失蹤了。但那一陣子，每到中文學校慶祝農曆新年時，就會出現這種中文流行的嘻哈音樂來跟著孩子一起歡慶賀年。

周杰倫的歌曲也是如此讓兆綱挖掘出來的。周杰倫的歌曲都是純中文，沒有參雜任何英文，兆綱不只是聽，還聽得很仔細，他覺得很酷，還能夠跟媽媽分享，之後，周杰倫的歌曲便進入永銧的教材了。

那些年，她班上的同學幾乎每一位都會背周杰倫〈聽媽媽的話〉裡面副歌的歌詞：「聽媽媽的話／別讓她受傷／想快快長大／才能保護她／美麗的白髮／幸福中發芽／天使的魔法／溫暖中慈祥」。到了中秋節，王菲和鄧麗君唱的〈明月幾時有〉，也自然迴盪在中文學校的教室裡：「明月幾時有／把酒問青天／不知天上宮闕／今夕是何年／……」

現在，永銑仍然不斷在思考如何精進教中文的方法。因為，現在的學生對象已經轉到孫子身上了。永銑說，教孫子中文和當年教兒子中文非常不一樣，她幾乎是把文睿、文昊當老外學中文的方式在教。為了加強他們對漢字的印象，永銑製作了很多字卡，更創作出不少中英夾雜的詩文，準備大顯身手一番，下一頁的圖片是幾個例子。

創造引發孩子興趣的學習，讓他們從中華文化的認同中找到歸屬感

其實，永銑並不太在意孩子們的中文成績，最重要的，是讓大家能在一個固定的時間、地點及中文環境裡互相交流，這樣的影響反而更大。

那時，美國華文報紙「世界日報」每個禮拜有一版「兒童園地」，專門刊登中文學校學生的作品，或介紹中文相關的詩詞。於是，高老師又想了很多題目，譬如：三個願望、我喜歡……、我的「莊子小魚乾」故事等，讓同學試著練習寫作，然後把大家

天與地

上有天，下有地；
天是 sky，地是 ground；
天很高，地很大；
上天下地，追求真理；
天地有正氣！

上有天，下有地；
天是 sky，地是 ground；
天很高，地很大；
超人 (Superman)在此，上天下地；
宇宙無敵！

By Kao, Yung-Kuang 高永銧
July 17, 2022
中華民國 111 年 7 月 17 日

愛是LOVE

愛是甚麼？愛是LOVE!
愛是喜歡，愛很偉大.
愛要用心，愛要有心.
愛是心心相印，愛是 HEART TO HEART!

愛是等待，愛是忍耐，
愛是一把傘.
愛是想念，愛是體貼，
愛是一朵蒲公英.
愛是照顧，愛是保護，
愛是幫你呼呼.
愛是陪伴，愛是牽手，
愛是你的溫柔.

愛要勇敢，愛更要堅強，
我愛我的家，也愛我的國.
我愛大家，大家愛我，我真的很愛你；
我愛你，我愛你，愛你，愛你，愛你！

愛是甚麼？愛是LOVE！愛是喜歡，愛很偉大，
愛真了不起！

民國113年3月22日修改

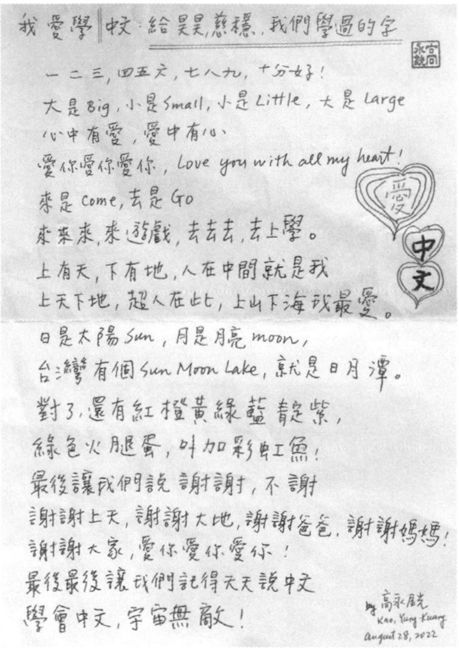

我愛學中文：給昊昊、慈穩，我們學過的字

一二三，四五六，七八九，十分好！
大是Big，小是Small，小是Little，大是Large
心中有愛，愛中有心
愛你愛你愛你，Love you with all my heart!
來是Come，去是Go
來來來，來遊戲，去去去，去上學。
上有天，下有地，人在中間就是我
上天下地，超人在此，上山下海我最愛。
日是太陽Sun，月是月亮moon，
台灣有個Sun Moon Lake，就是日月潭。
對了，還有紅橙黃綠藍靛紫，
綠色火腿蛋，外加彩虹魚！
最後讓我們說謝謝，不謝
謝謝上天，謝謝大地，謝謝爸爸，謝謝媽媽！
謝謝大家，愛你愛你愛你！
最後最後讓我們記得天天說中文
學會中文，宇宙無敵！

高永銧
Kao, Yung-Kuang
August 28, 2022

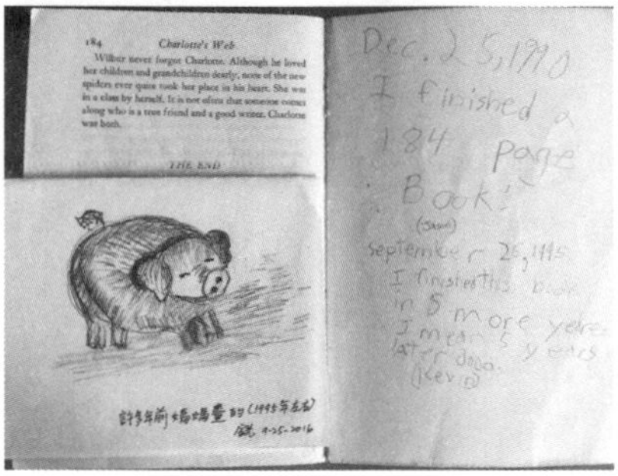

的作品收集起來略加修改，定出一個主題幫孩子們投稿。如果見報後，每個人可得到美金四、五塊錢稿費，雖然只是小數目，但這樣的收穫，讓孩子們高興極了。

小孩學習語言與大人不同，大人往往帶著動機讓自己持續學習，小孩主要靠大人去製造引發興趣的學習，或付出就有收穫的獎勵，將自己的文化一點一滴帶進去，讓孩子漸漸有所體會。

中文學習對孩子不僅在語言上，還有另一層意義。我們有一個朋友，因為工作曾經調去紐澤西州，在某一段時間裡，兒子宙凱都跟著爸爸待在另外一州，但他們周末回來時，兒子仍堅持要上中文學校。原本，爸爸還覺得往返來去、舟車勞頓，挺辛苦的，不去中文學校也沒關係。

但孩子反而堅持要去，原來，他的目的是為了社交，對於讀高中的孩子來說，中文學校的朋友比什麼都重要。為什麼？因為他們逐漸了解，自己雖然是美國人，但血液裡的中華文化，那個凝聚力是非常強大的。當然，高老師活潑的教學方式或許也是另一個因素吸引他上中文學校！

我們堅持孩子必須上中文學校直到高中畢業，事實上，兒子越大，越能體會中文學校的好。以中文學校來說，能堅持上到高年級班的學生人數一定是越來越少的。小一班上人數總是最多，再上去孩子就越忙，能夠堅持到九年級還念中文學校的多是自我學習動機比較強的一群。而且，大家都來自不同學校，中文學校把他們這些有著相似成長文化背景的年輕人聚集在一起，成為一個特殊的、互相鼓勵成長的社交圈。

二〇二二年兆維、翀翀結婚，我們去紐約出席他們的婚禮，婚禮上很多的年輕朋友來跟他們的高老師打招呼，都說是中文學校的學生，並且跟高老師反饋他們受益很多。

現在回頭看，我們的堅持是對的，最感安慰的是，孩子們長大後更為珍惜他們曾經受過的中文教育，以及對中華文化的認同，於是，他們的靈魂有了歸屬感，他們的心靈變得更強大了！

從小培養孩子閱讀能力，幫助思考邏輯、加強語文表達能力

即使到今天，在中文學習的路上，只要孩子喜歡或感興趣的東西，包括書籍、錄影帶、漫畫等，永銧總是有求必應。去年，為了兆綱要一套《火影忍者》漫畫給他的兩個孩子看，媽媽從書展開始詢問探求，碰巧就先搬回一套《灌籃高手》，最後，是在台中逢甲夜市一家出租漫畫店裡跟老闆打聽，才終於買到。

我在幫忙台大公衛學院籌備規劃學程時，全家曾回來一年。考慮兆綱跟美國課程

的銜接，我們給他選了一所國際學校；但兆維年紀小，則直接進入古亭國小就讀一年級，一年下來，兆維還獲選班上模範生，當上了班長，很受老師同學喜愛。兆維上書法班時，還跟媽媽說他喜歡「畫」中文字。

回美以後，我們去見小學校長，詢問是否要讓兆綱重念一次五年級。校長給他做了一些測驗，結果說以他的英文能力，每科都可以上資優班了。兆綱進到 Burleigh Manor Middle School 後，果然每科都夠資格進入到 GT Class（Gifted and Talented）。當時，他的閱讀老師甚至很高興地和我們分享，說兆綱的閱讀能力已經達到高中生九、十年級的程度了！

但事實上，我們花最多心力的，還是在孩子的中文教育上，英文就是盡量提供他們閱讀的環境，鼓勵他們多多閱讀。因此，我們合理地相信，同時學習兩種語言，其實是可以相輔相成的，我們在自己孩子的身上，得到印證。

在我回台灣參加大學校長遴選面談時，要準備簡報檔，還要準備「治校理念」。因為不大會中文輸入，永銑又在忙，我寫出的手稿，就請兆綱幫我打字，他自學漢語拼音輸入，還真是快、狠、準！

前幾年，華大公衛學院成立五十年，他們要挑選五十位「創造改變者（Change Maker）」的校友。生統系系主任 Dr. Patrick Hagerty 是兆綱的指導教授，他提名我，並請兆綱幫忙寫推薦信。這件事我本來不知道，後來華大通知我被選上，我讓兆綱把推薦信寄給我看，發現他寫得可真好，文字簡潔有力，英文程度也可能在很多美國人之上。

可見，從小培養閱讀能力還是很重要的。閱讀對整個思考邏輯都有幫助。就算你有某方面的科學專業，你還是應該加強語文能力。研究做得好，但表達不佳，寫或講讓別人聽得一頭霧水，很難讓研究發揮應有的效果。

透過雙語教育，傳承中、西文化

兆綱一直很關心台灣，常上網看各種訊息，也會針對一些議題寫部落格。當了兩個孩子的爸爸之後，他更重視孩子的中文教育。大媳婦 Jennie 是韓裔，不會說中文，但完全支持兆綱讓孩子上中文學校的做法。

在營造語文環境上，兆綱總會盡可能引導兒子說中文、念繪本、讀唐詩，兩個小孫子睿睿、昊昊，都會說、會寫自己的中文名字，跟我們視訊時會說：爺爺好，奶奶好。孫子們非但不排斥學說中文，我們念唐詩時，也聽得津津有味。現在，我們每次都會一起朗誦唐詩，作為視訊的結束。有時，他們還會接最後的字詞，最終會在一片我愛睿睿、我愛昊昊、我愛爺爺、我愛奶奶聲中，互道珍重再見。

孫子五歲開始去上中文學校時，兆綱就坐在旁邊陪著上了一年，現在兆綱也非常投入中文學校。他種番茄，完全像在做研究，培養了二、三十個品種，待番茄籽長成了幼苗，他還搬到中文學校去義賣，最後將收入全數捐給哥城中文學校。

孩子生活在大熔爐的美國，必須跟不同文化背景的人種融合相處，而雙語的學習，是懂得及了解自己的文化外，以習得第二外語，成為兩種甚或多種文化間溝通的橋梁，進而做到世界大同。

雙語教育的最終目標，
在於培養每個人具有寬宏的視野，深廣的心胸；
並且對這個世界永遠保有一個好奇、善良的純潔心靈。
當然，雙語教育的先決條件是：
讓每個人除了深諳自己的母語之外，
還能充分駕馭另一種語言，甚至多種語言的能力。
最後能讓兩種文化的衝擊融合成一股強大的匯流，
流淌在自己的身體裡、血液裡。

後記

二〇二二年底，我即將卸下國衛院院長職位，卻在那年十月和逢甲大學的高承恕董事長與王葳校長結識。他們對高等教育非常關心，也抱著以學生為上的理念，可說是志同道合，一見如故，兩人邀我去逢甲，幫學校在全人教育面向上做些規劃與改變。

因為逢甲的熱心邀約，讓我重新拾起對高等教育奉獻的熱忱，回想當初放下在約翰霍普金斯教學研究工作，退休回到台灣，目的就是為了高教，現在又有機會投入，當仁不讓，希望把在陽明工作七年多的全人教育經驗，無藏私地帶進逢甲一起分享，希望有助逢甲在這方面更加提升。

我非常感謝逢甲高董事長與王校長對我的信任與支持，我主要是在推動及改變上提出建議或解方，然後在校方的支持下，一起推動。

台灣的私立大學，與美國知名的哈佛、耶魯等私立大學以培養菁英為目的不同，台灣的私立大學首重培養優質的社會中堅分子。逢甲大學多年來也培養了許多傑出校友，向心力很強，我希望在逢甲的努力，可以打造出一個好的全人教育模式，供其他私立大學院校參考，一起努力。

多年來，我看到台灣高等教育遭遇少子化、大學數量過多等問題，也面臨學校經費不足，延攬與留才不易的挑戰。我認為，大學在規劃上應根據不同使命，不論是「研究型」、「技職型」還是「教學型」，建立不同經費補助、不同評鑑等機制，發揮其應有的功能。

當然，我也看到一些國內研究型大學，都在努力爭取資源、排名，這或許無可厚非。但看到不少同學們在求學過程中掙扎，因此，期盼大家能對全人教育，尤其是導師及心理諮商層面，花上更多的心力，讓年輕人在身心上都能得到健全的發展。

在人人可上大學的教育改革下，也凸顯出急就章中，缺乏良性競爭及長遠規劃的問題。但這些隱憂於我，反而成了一種動力，讓我縱使邁入知天命的年紀，對台灣高等教育的改革與推動，仍然懷抱著一腔熱誠，只要有機會，我就想起身而行。

有人曾經問我，放下美國的一切回到台灣是否太過犧牲？老實說，我從來沒那麼想過，反而覺得是一種幸運。我知道，也有很多人想回台灣奉獻，但都沒有我這般的機會。

我慶幸自己可以回來面對許多挑戰，在挑戰中完成任務，並交出一些成績，也欣慰看見這些成績對於社會起了一點正面的影響，而這些都不是在美國教書、做研究可以比擬的。

前年，我們更做了一件跌破親友眼鏡的事：在台東買了一片農地加農舍。我們覺得自己真幸運，在這個年紀還有勇氣做些有點瘋狂的事情。

我清楚記得，那天去看友人口中的這個「醜房子」，當時院子一片狼藉，屋子左右上下蓋了四個大鐵棚，密密實實地把一樓的光線都遮蔽了。但是，當我們上到二樓，往陽台一站，天空是藍的，純淨的藍，飄著幾朵白色的雲。太平洋一整條直線的藍、一整片海水的藍，就在眼前！

一棵高大的老樟樹，旁邊襯著幾株矮矮的芭蕉，我倆就這麼傻傻呆站著，完全被這幅美景震撼了！再走到屋後，眼前換成了一脈青山，柔美的輪廓，再度吸住了我們的眼睛……。

就這樣，為了屋前的太平洋、屋後的都蘭山脈，永銧的弟弟永中笑稱我們這是愛台灣的具體表現，事實上，是這片土地，是這個房子，選擇了我們！

在台東的家靠近二樓陽台的牆上掛了一幅陽明同仁贈送的字：「花若盛開，蝴蝶自來；人若精采，天自安排。」此刻，我心中充滿了感激，期盼這本書能對讀者有所啟發，更希望我們永遠保有一顆向上、向善的心，在取捨之間，做出最佳的選擇，讓全人教育的種籽，散播在你我的心田。

▪擔任陽明大學校長

1 民國 99 年 8 月 2 日賡義上任陽明大學校長第一天。

2 外籍學生與校長有約。

3 余光中先生到陽明演講幫永銑簽名。

1　民國 99 年 9 月 17 日「與校長有約」開張大吉！

2　「有約」活動同學愈來愈活潑。

3　有一次，同學還指導我們兩兩對視。真是一個充滿愛的活動。

4　陽明大學校長宿舍，我們在客廳和餐廳之間辦了五十餘次的「與校長有約」。

5　我們都是快樂的陽明大家庭一員。

1 2004 年，Cox 到約翰霍普金斯訪問，賡義、Cox 和 Scott 攝於我們美國家門前。

2 2014 年，賡義、兆綱父子在華大生物統計辦公室與 Breslow 不期而遇，很珍貴的畫面。

Geometry focus of JAMI conference, see Page 2

The Johns Hopkins University
Gazette

March 25, 1991 — Volume 20 No. 27

New material stores, erases data with ease

Statistical method aids researchers

Dr. Scott L. Zeger, left, and Dr. Kung-Yee Liang presented their new statistical method at the Royal Statistical Society in London March 13.

Hopkins offers license for cell line

Joyce Carol Oates to give Pouder Lecture

3

4

5

3 約翰霍普金斯大學雜誌 *Gazette* 報導賡義和 Scott 獲得美國統計學會頒發 1987 年 Snedecor Award。

4 賡義、Ron 和 Scott（從左到右）是系裡的三劍客，在 1990、1991 及 1992 連續三年獲得美國公共衛生學院頒給四十歲以下生統學者最高榮譽的 Spiegelman Award。

5 1994 年出第一版，2002 年出第二版。都是由英國牛津大學出版社出版。

1 竹南國衛院與院長有約。

2 民國 110 年 1 月 27 日，嚴長壽先生在國衛院人文思學講堂。講題：科技不外人文 Hi-tech vs. Hi-touch。

3 民國 106 年 12 月 6 日，新官上任第一天。

4 永銑弟弟永中（左一）弟妹家惠（左二）參加國衛院歲末聯歡晚會。

5 民國 107 年 9 月 26 日國衛院人文思學講堂，龍應台《天長地久》讀者見面會。

6 黃騰輝先生速寫國衛院。

1 爸媽很高興地分別抱著哥哥和弟弟。約民國 41 年春節。

2 永銧、賡義新婚後和媽媽、蘭姐、哥哥賡仁拍全家福。民國 68 年 9 月。

3 多可愛的雙胞胎，兩歲了。民國 42 年。

4 賡仁賡義和爸媽拍全家福。民國 47 年。

5

7

6

8

5 西雅圖華盛頓大學圖書館前，那天我們去圖書館旁行政大樓的校長辦公室，和當時校長 Michael Young 討論讓陽明同學去醫學院實習事宜。2014 年暑假。

6 永銑賡義在民國 68 年 8 月 13 日成婚。

7 剛到巴爾的摩，攝於約翰霍普金斯校園，1982 年秋天。

8 永銑到台中國光國小演講「閱讀與朗讀：讓孩子贏在中英雙語的起跑點上」。2024 年 3 月 8 日。

9 結婚十周年。

10 2022 年老二兆維和周翀 Genevieve Chow 小姐結婚。

11 2012 年老大兆綱和 Jennie Choe 結婚。

12 兆綱兆維讓睿睿昊昊騎在肩上在高中校園奔跑。維維的狗兒子木瓜 Papaya 也在湊熱鬧。

13 父子三人攝於池上，民國 112 年暑假。

9

10

11

12

13

14 Jennie、兆綱、昊昊、睿睿全家福。

15 睿睿說：「爸爸現在是梁博士了！」

16 兆綱、兆維哥倆好。

17 兆維在紐約攀岩帥照。

18 兆維、翀翀 Genevieve 在 2022 年 5 月 16 日成婚。

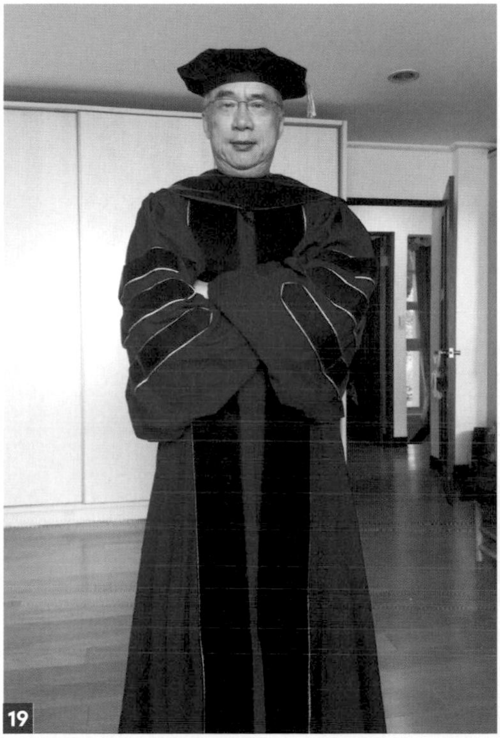

19 賡義在 1982 年取得西雅圖華盛頓大學生物統計博士學位，那時剛滿 30 歲。（這張於 2015 年攝於陽明大學。）

20 兆綱在 2015 年取得西雅圖華盛頓大學生物統計博士學位，那時兆綱 31 歲。

21 兆綱在哥城中文學校帶著睿睿、昊昊，義賣他細心培育的番茄幼苗。2022 年。

22 兆維喜歡健身，連著好多年積極報名參加美國忍者戰士的極限運動電視節目。

23 2018 年 1 月 31 日和睿睿、昊昊攝於陽明宿舍，適用成語「含飴弄孫」。

24 民國 106 年參加蔡琴演唱會。

25 2024 年 4 月 15 日和好友勇志、Amy、勇志妹攝於我們台東的家頂樓。

26 民國 102 年參加第九屆海峽兩岸暨港澳地區大學校長聯誼活動，參觀金門大學。攝於莒光樓前。

27 永銑、賡義和孫子睿睿、昊昊攝於美國家門前，2022 年 5 月。

28 兆綱、Jennie 園子裡綻放的向日葵。

29 兆綱到台大演講。民國 108 年 12 月 14 日。

30 兆綱和睿睿在園子裡收成他種的蕃茄。

1 2015 年 10 月 19 日賡義當選美國國家醫學院院士。最可貴的是在授證會場可見到中華民國國旗掛在正中央！令人感動。

2 在逢甲宿舍舉辦「與院士有約」，當晚討論氣氛相當熱烈。（民國 112 年 3 月）。

3 和逢甲大學董事長高承恕教授合影（民國 112 年 9 月）。

4-5 賡義應西雅圖華大公衛學院生物統計系邀請演講。GO DAWGS!

6 賡義牽線，帶逢甲電機及應數系教授和西雅圖華大校長 Ana Mari Cauce 談簽約並合影。右二為華大電機系教授黃正能博士。

7 我們台東屋前面可以看到太平洋以及遠處的綠島。

8 我們台東家後面可以看到都蘭山脈。

People

取捨之間

從公共衛生到全人教育，梁賡義的人生探索

2024年5月初版　　定價：新臺幣450元
2024年7月初版第三刷

口　述	梁賡義
採訪記錄	張子弘
整理撰稿	林明定
叢書主編	李佳姍
校　對	林婉君
內文排版	連紫吟
	曹任華
封面設計	陳文德

出版者	聯經出版事業股份有限公司
	陽明交通大學出版社
地址	新北市汐止區大同路一段369號1樓
叢書主編電話	(02)86925588轉5395
台北聯經書房	台北市新生南路三段94號
電話	(02)23620308
郵政劃撥帳戶第0100559-3號	
郵撥電話	(02)23620308
印刷者	文聯彩色製版有限公司
總經銷	聯合發行股份有限公司
發行所	新北市新店區寶橋路235巷6弄6號2樓
電話	(02)29178022

副總編輯	陳逸華
總編輯	涂豐恩
總經理	陳芝宇
社長	羅國俊
發行人	林載爵

行政院新聞局出版事業登記證局版臺業字第0130號

本書如有缺頁，破損，倒裝請寄回台北聯經書房更換。　ISBN　978-957-08-7382-5（軟精裝）
聯經網址：www.linkingbooks.com.tw
電子信箱：linking@udngroup.com

國立陽明交通大學
NATIONAL YANG MING CHIAO TUNG UNIVERSITY

國家圖書館出版品預行編目資料

取捨之間：從公共衛生到全人教育，梁賡義的人生探索/
梁賡義口述．張子弘採訪記錄、林明定整理撰稿．初版．新北市．聯經、
陽明交通大學山版社．2024年5月．264面＋16面彩色．17×23公分（People）
ISBN　978-957-08-7382-5（軟精裝）
[2024年7月初版第三刷]

1.CST：梁賡義　2.CST：傳記

783.3886　　113005906